NAPOLÉON III

ET

L'OPINION CATHOLIQUE

PARIS. — IMPRIMERIE DE A. HENRI NOBLET, RUE DU BAC, 30.

NAPOLÉON III

ET

L'OPINION CATHOLIQUE

A madame de..., très-zélée catholique

A LYON

La réputation ne vaut pas ce qu'elle coûte.

(J. DE MAISTRE.)

Prix : 1 franc 25 centimes

PARIS

LIBRAIRIE LEDOYEN

PALAIS-ROYAL, GALERIE D'ORLÉANS, 31

—

1860

NAPOLÉON III

ET

L'OPINION CATHOLIQUE

La réputation ne vaut pas ce qu'elle coûte.

(J DE MAISTRE.)

—◦—

MADAME,

Les sentiments qui naissent du calme et de l'impartialité sont seuls dignes de considération. Si zélé catholique qu'on soit, il n'est pas permis de s'en écarter et de continuer, contre le pouvoir, une guerre plus ou moins sourde, qu'il ne m'est pas facile de justifier. Le Gouvernement sait bien, sans doute, avec quel entrain on le juge, et parce que je suis accusé de me montrer trop favorable à sa cause, d'oublier, à cette fin, dans les lettres que vous avez sollicitées, les devoirs inhérents au culte que je professe, je crois nécessaire, une bonne fois, de réduire les choses à leur juste valeur, de restituer à chacun ses droits. J'aurai bien mérité de ma conscience et de mon pays, si je parviens à détruire des préjugés qui ne sont pas sans péril, à concilier à l'autorité le respect et les attentions qu'elle réclame.

Engagé, à différentes reprises, dans des discussions provoquées par des prêtres qui ne dédaignaient pas de me convier à leurs réunions, voici, Madame, ce que j'étais sur le point d'adresser à leur évêque :

MONSEIGNEUR ,

Aux yeux de plusieurs prêtres de votre diocèse, je soutiens, en politique, des principes que leur sagesse déclare extravagants et intolérables. Ils ne me pardonnent guère de souhaiter la continuation du régime sous lequel nous vivons, et me trouvent imprudent de contrarier leurs sympathies pour un état de choses qui donnerait plus de crédit à leur vertu. Il ne me sied pas de rester dans l'erreur, et je présume que mes adversaires partagent, à cet égard, mes sentiments. Il est juste, alors, que je publie des convictions qui n'auront jamais à regret de se produire au grand jour. On répondra, et je me convertirai s'il y a lieu. De la discussion jaillira la lumière, et dussé-je ne pas sortir vainqueur de la lutte, on sera, je l'espère, assez généreux pour reconnaître, en lisant mes paroles, la preuve de ma franchise et de ma loyauté.

Le clergé, et ses amis lui ressemblent, ne se fait pas faute de juger à sa guise les événements qui se produisent au sein de l'humanité. Qu'il jouisse de cette liberté, je la respecte. Ce qui m'étonne, vraiment, c'est l'obligation qu'on m'impose de me servir de son prisme, c'est l'horreur qu'inspire ma résistance à m'enrôler en aveugle sous l'étendard des mécontents. Je vous en prie, Monseigneur, est-il convenu maintenant que, hors des matières dogmatiques, il faille s'astreindre à recevoir le mot d'ordre de son voisin? Je découvre des motifs sérieux de ne pas maudire le Gouvernement de mon pays, de le défendre contre l'injure, et si les circonstances l'exigent, de trouver dans ses couleurs autant et plus de gloire qu'on n'en attribue à la cocarde trouée des partis. Je maintiens qu'il y a malice à continuer sous cape une opposition rancunière; que c'était folie de prendre feu contre un souverain, sans tenir compte des mystères et des embarras de la diplomatie, des obstacles imprévus qu'il est exposé à rencontrer. J'ai blâmé l'ardeur imprudente de certaines langues et cru qu'il ne serait pas indécent de témoigner un peu moins de défiance vis-à-vis d'un prince qui, à mon avis, n'a pas laissé mourir de faim les évêques ou vilipendé l'Église romaine, et qui a montré, dans ses rapports avec Rome, une munificence, un dévouement, une longanimité, dont les derniers siècles n'offrent pas d'exemple.

Cela posé, Monseigneur, il est temps de noter en quoi je suis coupable : j'ai tort 1° de croire que l'Empereur ait été bien inspiré de promettre au roi de Sardaigne sa coopération contre une attaque à main armée de l'Autriche, et d'avoir agi selon sa promesse; 2° de ne pas imputer à Sa Majesté l'annexion des petits États de l'Italie centrale, et spécialement des Romagnes; de ne pas blâmer son peu d'empressement à intervenir en faveur du roi de Naples; 3° de ne pas censurer vivement la conduite de ses ministres, à propos de l'insertion des lettres pastorales des évêques dans les journaux, et d'avoir supposé que l'*Univers* méritât d'être frappé; 4° enfin, on a prétendu, et ceci ne manque pas de sel, que je me constituais le défenseur du protestantisme, en avouant que non-seulement les fidèles, mais aussi les ministres du culte évangélique sont généralement dans la bonne foi.

Tels sont mes torts. Veuillez, Monseigneur, entendre ma déense.

I

Mes adversaires sont certainement très-distingués, et cependant ils ne me persuaderont jamais qu'il soit loisible de condamner à la légère le chef d'un empire. Le catholicisme est une école de respect, on le proclame; d'où il suit que tout acte d'insubordination contre un souverain est censé criminel, du moment que ce souverain ne foule pas aux pieds la vérité divine, ne détruit pas volontairement les conditions d'existence d'un culte. Vous décriez, pourrai-je dire à certains hommes, vous décriez la politique de l'Empereur, vous le dénoncez à vos co-religionnaires : je me demande si votre conscience est bien tranquille de saper par la base l'influence morale, qui lui est essentielle pour conserver la paix au milieu de ses sujets. Votre système, si vous le pesez devant Dieu, n'est-il pas , dans la société, l'origine des bouleversements? A-t-on commis la faute de mépriser vos instincts religieux ? Non ; vous connaissiez les intentions généreuses de votre souverain. Encore que ces intentions aient mécontenté les cultes dissidents, il n'a pas reculé à vous donner satisfaction ; et parce que , depuis l'époque de vos épouvantes , les événements ont été plus forts que son dévouement à votre cause, vous le rendez responsable de ce qui vous chagrine, vous conservez au profond du cœur le sentiment d'amertume si énergiquement reproduit par le poëte, lorsqu'il peint la terrible Junon : *Manet altâ mente repostum judicium... spretæ formæ*. Vous n'ignorez plus le résultat de vos bouderies et de vos déloyales insinuations. On accusait le clergé d'être un corps envahissant et susceptible par nature, qui réclame, en premier lieu, la liberté commune aux autres cultes , qui , la liberté obtenue, veut une part dans les affaires, et qui , une fois arrivé à ce but, exige une domination exclusive ; de combien se sont écartés de la vérité les prophètes qui désignent à la défiance le clergé et ses défenseurs? Vos opposants les plus modérés sont en droit de dire : « Tant que le clergé est rassuré sur les franchises qu'il s'adjuge et son influence, qu'il prévoit des faveurs et un agrandissement, il est tranquille , obséquieux, il prie , il félicite, exalte le souverain. Qu'il redoute, au contraire , sur des signes plus ou moins équivoques, d'être replacé sous le niveau des lois ; qu'il subodore une déception dans ses projets : voyez comme il s'agite , avec quelle effrayante rapidité son agitation se communique ; au confessional, il intrigue ; en chaire, il démolit l'autorité. » Et ce qu'il y a de plus décourageant, c'est que vous, hommes à qui je parle, vous ne vous repentez d'aucune imprudence ; vous attendez, le fusil au bras, qu'il soit temps de tirailler, et quand vous avez allumé l'incendie, vous vous plaindriez si on ne vous décernait une couronne, *pro virtute bellicâ*. Vous inspirez presque , aux personnages les plus sensés et les plus éminents, le désir de posséder une Église qu'aucun chef étranger ne dirige, sûrs qu'à l'heure dite vous oublierez votre pays, pour vous rallier aux intérêts d'un ennemi. Supposons, en effet, qu'un pape, comme

cela s'est vu , qu'un prince ·catholique , réputé de votre bord ,
soit en guerre avec la France, ne causerez-vous aucune inquiétude au chef de l'État? Ce qui s'est passé étant permis , je cherche comment un pays se survivrait à lui-même. Je conçois maintenant qu'on murmure de toutes les faveurs dont, depuis douze
ans , les évèques et les catholiques ont été comblés. Je crains
que l'histoire ne vous juge sévèrement. Vous reprochez au protestantisme d'avoir formé un État dans l'État ; que diriez-vous
si les protestants vous incriminaient à leur tour? Vous flétrissez
leurs sympathies pour le succès des princes qui les protégent ,
leurs intelligences d'autrefois avec l'Angleterre ; supposez-vous
qu'on ne sache pas de quel côté se dirigent vos vœux, quel trésor a choisi votre cœur? Assez de préliminaires, n'est-il pas
vrai , Madame? Abordons les faits, tels que je les exposerais au
révérendissime Évêque.

II

L'empereur des Français s'était engagé à soutenir le roi de
Sardaigne contre une attaque à main armée de l'Autriche, et
nos soldats ont versé leur sang pour l'indépendance de notre
allié.

A cela point d'excuse, point de pardon. Il était digne de nous
de laisser libre carrière à l'Autriche, qui devait, de par Dieu et
les doctrines ultramontaines, absorber le Piémont mal en
cour de Rome, et nous envahir au besoin (l'Autriche a mis les
invasions à la mode), si François-Joseph nous promettait son
concordat. L'empereur Napoléon ne portait pas ses vues si loin.
Responsable du salut de sa patrie , il s'occupait beaucoup plus
d'éloigner de nos frontières une puissance de premier ordre que
d'apprécier les sentiments religieux de l'empereur d'Autriche.
François-Joseph est le grand héros de nos Évêques et de nos
zélés , et qui le condamne ou néglige de l'imiter encourt leur
pitié ou leur indignation. M. le comte Rodolphe de Maistre est
bon à entendre là-dessus, et résume parfaitement les idées cléricales à l'endroit de l'empereur François-Joseph. Après avoir
signalé les efforts de ce souverain pour replacer le principe ca-

tholique sur les hauteurs, il ajoute : « L'œuvre à laquelle l'empereur d'Autriche met la main est une véritable palingénésie; l'entreprise est grande autant que glorieuse. Jusqu'ici le roi de Naples et l'empereur sont les *seuls*, entre tous les souverains de l'Europe, qui aient eu le *bon sens* et la force de découvrir le mal et d'y porter le *seul* remède possible. » (Lettres et opuscules inédits du comte J. de Maistre, p. 5 et 6, publiés en 1853). J'espère, Madame, que vous n'aurez pas besoin de loupe pour découvrir quelque grossièreté dans ce langage. Vous y voyez, en outre, l'apothéose d'un souverain, parce que ce souverain semble réaliser dans ses actes ce par quoi on mérite, au dire de nos penseurs, les bénédictions d'en haut et les éloges de la postérité : être l'instrument servile de l'ultramontanisme. Considérons :

Lorsque la Russie, sous prétexte de soustraire à l'oppression les *chrétiens* sujets du sultan, menaçait ce dernier et finissait par une déclaration de guerre en *envahissant* les principautés danubiennes, l'empereur Napoléon, ayant épuisé les mesures diplomatiques, jugeait convenable de prendre fait et cause pour la Turquie. Autant qu'il est facile de se le rappeler, aucune voix d'évêque ne protesta contre son entreprise. On déclara la guerre juste de notre part ; et cependant il s'agissait des Turcs, l'empereur avait pour alliée une nation protestante, il acceptait bientôt le concours de la Sardaigne. Le pape était satisfait, les évêques de France publiaient des mandements où le nom des croisades était prononcé. On désirait l'humiliation de la Russie, l'anéantissement de son prestige militaire et de son prosélytisme. Les évêques, sans doute, ne songeaient pas à prolonger l'agonie d'un empire, à moitié couché dans la tombe, qui n'est guère plus ultramontain que le Piémont, qui nous sépare, à une plus grande distance de la Russie que le Piémont de l'Autriche. Pourquoi donc se sont-ils montrés si favorables à cette lointaine expédition ? pourquoi se sont-ils alarmés lorsque l'empereur Nicolas publiait que le règne du sultan était fini, que l'heure de ses funérailles avait sonné ? Ils se plaçaient au point de vue, qui permet à cette heure de constater un si grand nombre d'injustices, au point de vue exclusif des intérêts religieux. Pour eux, la question principale résidait dans l'espérance probable d'un succès pour l'Eglise romaine. On se disait que le schisme grec trouverait enfin son maître ; que l'Empereur, dictant les conditions de la paix, stipulerait les libertés dues aux catholiques sujets du czar ; que les Turcs, sauvés par nous, seraient bien osés de contrecarrer l'apostolat de nos prêtres ; l'Evangile, d'abord égal du Coran, ne tarderait pas à l'étouffer ; la France était reine de Jérusalem et des pays infidèles. (Consulter le discours prononcé à Pibrac le 23 juillet 1854, par Mgr l'évêque de Poitiers.)

Certes, ce n'est pas de mes lèvres que tomberont des paroles capables de contrister ceux à qui souriait un si bel avenir. Toute religion, le sang répandu l'atteste, tend à écraser les religions qui lui disputent la victoire. Pendant que nous priions pour le succès de nos armes, que faisaient les évêques et les popes de Russie ? Ils élevaient les bras vers le ciel, afin d'obtenir la confusion de ces hommes de l'Occident, qui, sous le prétexte de maintenir l'équilibre européen, retardaient le réveil de la foi chrétienne et s'opposaient à la destructiction de l'islamisme. De toute part, à côté de la question politique, se dégage la question religieuse ; chacun revendique le privilége d'une extension exclusive de sa foi.

III

Et cette Autriche, sur qui se concentrent tant de sympathies, qui, selon M. le comte Rodolphe, servait d'asile au *bon sens* (1), que faisait-elle dans ce conflit, dont l'importance et la gravité étaient si manifestes ? Elle se croisait les bras. Mais, si son zèle pour le catholicisme est tel qu'on le représente, que ne s'unissait-elle à nous ? L'occasion était belle de lever l'étendard contre le schisme, d'avoir sa part d'influence dans la régénération par l'Evangile de l'Empire ottoman. Elle prenait des airs guerriers qui ne trompaient personne, ou bien elle signait, sûre qu'elle était de l'issue de la lutte, cette fameuse alliance offensive et défensive d'un deux décembre, restée stérile et demeurant en signe certain d'une politique craintive, égoïste, dégénérée. Je vois çà et là quelques fusils inoffensifs portés par des Autrichiens ; du sang versé pour la bonne cause, qui me le montrera ? Ne vous faites donc pas il-

(1) En est-il de même aujourd'hui ?

lusion, prêtres et fervents catholiques, elle aurait pris sa part des dépouilles de la Turquie, comme elle a pris sa part de la Pologne, dût le czar être l'auteur du cadeau. A-t-on vu alors les évêques s'insurger contre l'empereur François-Joseph? L'ont-ils excommunié parce qu'il est l'obligé du cabinet de Saint-Pétersbourg? Ils auraient été bien reçus! Et si, pour éloigner la France de ses frontières lombardes, elle s'était unie au Piémont, la mettriez-vous au banc de l'opinion catholique? Vous lui supposez des instincts favorables à l'exaltation du Saint-Siége? Interrogez ses annales et dites-moi de combien les maux qu'elle a fait endurer aux souverains pontifes sont au-dessous de ses bienfaits! Elle ne sert pas l'Eglise, elle s'en sert; il n'y a, à cette heure, qu'un prince au monde, et il en est bien mal récompensé, qui ait pu dire, M. le comte Rodolphe l'a oublié : « Mon gouvernement est le *seul* qui ne fasse pas de la religion un instrument politique. » Qu'on demande aux Marseillais quelle bouche auguste a prononcé ces paroles.

On ne doit pas s'étonner que j'insiste ; j'éprouve je ne sais quelle douleur de sentir mon souverain méconnu, calomnié, au profit d'une puissance à qui nous ne devons rien, et dont je cherche en vain les intentions désintéressées. Elle octroie des libertés aux protestants de Hongrie : qu'en dira-t-on? Je ne lui en fais pas un crime, je les conçois, je les approuve ; les préjugés ne se rangeront pas de mon avis. Et pour en finir en ce qui touche les rapports de la Russie avec l'Autriche, décorerons-nous du titre de miracle la restauration de l'empire d'Inspruck en empire de Vienne? Singulière destinée des souverains de l'Europe, qui ne peuvent régner s'ils ne sont soutenus ou ramenés par des baïonnettes étrangères! Mais enfin la foi, selon messieurs les ultramontains, passe avant la reconnaissance, le bien avant tout, et je supposerais l'Autriche bien plus digne de leurs éloges, si elle avait tiré le glaive contre ce qu'ils appellent un empire oppresseur de la foi et dont, pour eux, les gouvernants sont des bourreaux. Herménégilde d'Espagne fut assez catholique pour lever deux fois contre son père hérétique l'étendard de la révolte, et Rome l'a inscrit au catalogue de ses saints. L'exemple valait la peine d'être suivi. Mais les instincts politiques auraient-ils donc

étouffé les instincts religieux de l'empereur d'Autriche? Dieu le
sait ; mais ce qui est palpable, c'est qu'il ne comprend pas les affaires catholiques comme ses sectateurs de France. Si ardent que
soit son cœur pour leurs dogmes et leur pontife, il subira quand
même le joug de la politique traditionnelle de sa maison. Je ne
veux pas en tirer un motif spécial d'accusation contre sa personne, mais il m'est bien permis de trouver cette politique moins
noble que la politique de mon souverain, et peut-être aurai-je le
plaisir de le démontrer.

Comment donc le gouvernement autrichien représenterait-il
exclusivement le catholicisme, lorsque plusieurs millions des sujets de François-Joseph II répudient ses croyances? Enfin, Messieurs, dirais-je aux mécontents, cherchez en quoi, depuis le
commencement de ce siècle, l'Autriche s'est sacrifiée pour le
saint-siége? Je vais plus loin : l'empereur François-Joseph est un
catholique sincère ; que vous l'aimiez comme individu, rien n'est
plus naturel ; mais indiquez-moi, dans sa vie de souverain, une
époque où le prince se soit effacé devant le catholique, où la foi
ait triomphé de la raison d'État, où les alliances avec les souverains catholiques aient été préférées, où les souffrances de ses
coreligionnaires aient été entendues. Croyez-vous même que, si
quelque point des États pontificaux était jugé nécessaire à la domination autrichienne en Italie, le gouvernement de Sa Majesté
Apostolique aurait grand scrupule à se l'approprier?

IV

La même raison, qui conseillait à l'Autriche de réserver le
sang de ses soldats, nous poussait à débarquer en Crimée.
L'empereur Napoléon est chargé par la Providence de veiller au
salut de la France et de s'opposer à tout ce qui entraverait gra-
vement sa prospérité. On ne se méprenait pas sur les intentions
de la Russie ; on jugeait l'équilibre européen compromis. L'inva-
sion des Principautés et les joyeuses volées de la flotte russe
dans la baie de Sinope n'étaient pas de ton à nous rassurer. Les
voies diplomatiques étant restées stériles, le canon des Invalides
apprenait à la capitale du monde civilisé que nous étions en

guerre avec le czar Nicolas. Il fallait agir, et pourquoi? Parce que
la Russie, dominant à Constantinople, devenait l'arbitre du
monde, nous fermait les portes de l'Orient, compromettait nos
relations commerciales, rançonnait à sa guise nos flottes, s'a-
vançait au cœur de l'Europe, et le reste. L'Autriche seule voyait
de sang-froid, et peut-être avec joie, de tels événements s'ac-
complir. Napoléon III a compris son rôle et ne s'en est pas mal
tiré. Inspiré par la raison d'État, il nous a prémunis contre les
désastres de l'avenir, il nous permet de jouir de garanties passa-
blement glorieuses à l'endroit de la Russie, qui nous connaît, à
l'endroit de la Turquie, sauvée par nous; et si tout n'a pas
réussi au vœu exclusif des évêques, on n'a pas mal commencé.
Conduit de prime-abord par les pensées politiques, qui, à tort
ou à raison, prédominent dans le cercle des plénipotentiaires,
l'empereur n'était pas indifférent, et il l'a prouvé, à la diffusion
des doctrines évangéliques. Mais, tandis que l'empereur de
Russie donnait le signal du combat, au nom de sa religion, l'empereur des Français ne semblait prendre à parti que les nécessi-
tés prescrites par l'amour, le bien-être, le salut du pays.

*Quand on commande à une nation où la liberté des cultes est
reconnue, l'étendard de la patrie est seul capable de rallier tous
les cœurs.*

Et encore, veuillez le remarquer, Madame, les protestants,
frappés sur le champ de bataille, étaient privés des exhortations
de leurs ministres; ceux qui suivirent les nobles enfants de la
France n'étaient revêtus d'aucun caractère officiel; les présidents
de consistoire se sont-ils insurgés? Si l'Autriche eût envahi la
Turquie, si la Russie eût été catholique, les évêques de France
auraient-ils encouragé notre expédition en Orient? Combien je
voudrais avoir leur réponse! Mais il est temps de toucher au vif
notre fameuse question.

V

En 1856, le congrès de Paris portait son attention sur le sort
de l'Italie. Malgré les dénégations de quelques écrivains, je me
permets de ne pas supposer le congrès trop partial dans ses

appréciations. Ce qui ne peut être révoqué en doute, c'est, pour tout Italien, l'intolérable idée d'obéir aux Allemands. L'Autriche était partout, sauf en Sardaigne; ce n'était pas sa faute. Afin de conserver ses possessions et de maintenir ses protégés, elle entretenait une armée formidable. Le congrès déclarait la situation de l'Italie *anomrale*. On a beaucoup disputé sur ce mot. A quoi bon? Est-il, oui ou non, selon la règle qu'un pays soit occupé, gouverné par des étrangers, que des souverains, pour ne pas descendre du trône, aient besoin de s'appuyer sur des troupes étrangères? Mais il suffit de poser cette question pour la résoudre. Supposons Louis XVIII gardé aux Tuileries par les Autrichiens : la situation de la France eût-elle été réputée normale? Supposons la France concédée, par le congrès de Vienne, à l'Angleterre, à la Prussse, partagée entre les grandes puissances : le soulèvement général ou partiel de la France serait-il taxé d'insurrection? Mais un peuple, ravi à lui-même, ne recule devant aucun sacrifice et bénit celui qui brise ses fers! On se plaint, Madame, qu'il y ait en Italie des révolutionnaires, et les catholiques ultramontains chérissent l'Autriche, parce que les révolutionnaires sont ses ennemis. Qui donc s'est chargé de blesser la fibre nationale, en sorte que la réprobation est montée au comble, que les hommes, témoins des douleurs de la patrie, ne se sont pas crus déshonorés en laissant agir la révolution? Je ne suis pas pour les excès; mais qui a favorisé le succès des révolutionnaires? *Quid est quod contra vim sine vi repellere possit?* (Cicer., Épist. xii, 3.) C'est un axiome, que dans les grands dangers de la patrie on est autorisé à repousser la force par la force, si l'agresseur s'en réfère obstinément à la force. On se plaint que la révolution poursuive de ses anathèmes et les ducs, et le pape, et le roi de Naples; encore une fois, le révolutionnaire pur sang est détestable, il n'est pas si fréquent qu'on le veut dire; mais comment ne pas voir que, si les ducs avaient séparé leur cause de l'Autriche, que si le pape s'était un peu moins inféodé à cette puissance, que si le roi de Naples avait voulu rester maître chez lui, la révolution deviendrait ridicule, en leur reprochant d'avoir méconnu leur devoir de princes italiens? Que dis-je, la révolution ? Est-ce que la France, par son puissant souverain, n'a pas supplié les petits souverains de l'Italie, et le pape en particulier, de rompre avec ce que leur système avait de dangereux ? Ces démarches désintéressées ont-elles abouti ? Aussi bien, la révolution était pleine d'énergie, les instincts du patriotisme méconnu lui viennent en aide, et l'on se sent pris d'un profond dégoût, quand on voit se donner pour martyrs des gens qui ne souffrent qu'à raison de leur aveuglement et de leur opiniâtreté.

Le comte Joseph de Maistre, *profondément et systématiquement dévoué à la religion catholique* (Lettre au comte de Marcellus, Turin, 13 mars 1820), aura, Madame, à vos yeux, quelque valeur : c'est mon grand oracle; donnons-nous le plaisir de l'entendre.

Au livre second, chapitre VII, de son ouvrage intitulé *Du Pape*, J. de Maistre dit que les papes, dans leurs contestations avec les souverains, se sont proposé trois buts : 1° l'inébranlable maintien des lois du mariage contre toutes les attaques du libertinage tout-puissant; 2° la conservation des droits de l'Église et des mœurs sacerdotales; 3° la liberté de l'Italie. Rien ne nous oblige à insister sur les deux premiers points. Parlons de l'Italie :

Le troisième but que les souverains pontifes poursuivirent *sans relâche*, comme princes temporels, fut la liberté de l'Italie, qu'ils voulurent *absolument* soustraire *à la puissance allemande.* S'appuyant sur ces paroles de Voltaire : « Il me paraît sensible que le vrai fond de la querelle était que les papes et les Romains ne voulaient point de maîtres à Rome, » M. de Maistre ajoute : *c'est-à-dire qu'ils ne voulaient point de maîtres chez eux. Voilà la vérité.* C'est mon désir qu'ils n'en aient point, et suis d'avis *que les Italiens avaient un droit plus naturel à la liberté qu'un Allemand n'en avait d'être leur maître.* Les Italiens (Volt., *Essai sur l'hist. gén.*) n'obéissaient que *malgré eux au sang germanique. Dans ces temps malheureux* (expression de J. de Maistre), *la papauté était à l'encan ainsi que presque tous les évêchés : si cette autorité des empereurs avait duré* (lisez : *durait, revivait*), *les papes n'eussent été que leurs chapelains, et l'Italie eût été esclave.*

Jean XII appelle les Allemands à Rome, et M. de Maistre fait cette réflexion : *L'aveugle pontife ne vit pas quel genre de prétentions il allait déchaîner, et la force incalculable d'un nom porté par un grand homme.* Les Allemands tenaient donc les Romains subjugués, et les Romains brisaient leurs fers dès qu'ils le pouvaient. (*Essai sur l'hist. gén.*)

Je ne suis pas plus intéressé que M. de Maistre à rendre le sacerdoce *responsable de tout le sang versé pendant cette grande lutte; mais, dans le vrai, ce fut une guerre entre l'Allemagne et l'Italie, entre l'usurpation et la liberté, entre le maître qui apporte des chaînes et l'esclave qui les repousse; guerre dans laquelle les papes firent leur devoir de* princes italiens *et de politiques sages, puisqu'ils ne pouvaient favoriser les empereurs sans se déshonorer, ni essayer même de la* neutralité *sans se perdre. Pendant l'époque des deux factions trop fameuses qui désolèrent l'Italie, les papes se trouvèrent* naturellement *placés à la tête du noble parti des convenances, de la justice, de l'indépendance nationale. Il n'y a point de pape, c'est* encore *l'aveu exprès d'un censeur sévère du saint-siége, qui ne* doive *craindre en Italie l'agrandissement des empereurs. Les anciennes prétentions seront* bonnes, *le jour où on les fera valoir avec* avantage. (Mai 1817.)

Ceci, sans doute, Madame, ne paraîtra pas extrêmement digne d'être mis aux rebuts. Les papes, s'ils veulent rester sans conteste souverains temporels, seront, maintenant comme autrefois, les *protecteurs-nés* de l'indépendance italienne. Et qui sait de quel éclat brillerait le trône pontifical, si Pie IX, prenant *le noble parti des convenances,* s'était mis, par des mesures sages, à la tête du mouvement? Serions-nous réduits aux incertitudes qui nous accablent? Grégoire XVI était considéré représentant de la politique autrichienne; Pie IX, à qui on attribuait à la cour de Vienne des idées d'indépendance, serait encore cardinal de la sainte Église romaine, si le patriarche de Venise, qui portait, de par l'Autriche (le Saint-Esprit en aurait été contrarié), l'exclusion du cardinal Mastaï-Ferreti, fût assez tôt arrivé dans la Ville éternelle. Depuis son exaltation au pontificat, en quoi a-t-il protesté contre l'oppression de sa patrie? Il a donné à ses sujets des preuves de bon vouloir, et à cette occasion, je crois que son zèle, afin d'atteindre le but, pouvait garder plus de ménagements, ne pas franchir d'un bond l'espace à parcourir. Et quand, après avoir laissé concevoir de légitimes espérances qui

rendaient l'Autriche défiante à son endroit, bien et dûment pro-
voqué l'explosion, chaque Italien ayant les yeux fixés sur lui, il
s'est mis en dehors de tout ce qui tendait à la délivrance commune, il n'a rien aidé ou apaisé de ses conseils, il était déchu
dans l'opinion, le pouvoir temporel en ses mains n'était plus
qu'un fantôme; je conçois, sans l'approuver, la répulsion qu'il
inspirait.

*Tout souverain-pontife, réputé, à tort ou à raison, favorable à la
domination étrangère, deviendra, par le fait même, odieux en
Italie.*

J'écris cette sentence, sans que ma main tremble, sans la
moindre crainte d'être démenti par l'histoire.

« Le plus grand malheur pour l'homme politique, c'est d'obéir
à une puissance étrangère. Aucune humiliation, aucun tourment
de cœur ne peut être comparé à celui-là (à moins qu'on n'ait
perdu tout sentiment de dignité). La nation sujette, à moins
qu'elle ne soit protégée par quelque loi extraordinaire, ne croit
point obéir au souverain, mais à la nation de ce souverain : or,
nulle nation ne veut obéir à une autre, par la raison toute
simple, qu'aucune nation ne sait commander à une autre. Obser-
vez les peuples les plus sages et les mieux gouvernés chez eux ;
vous les verrez perdre absolument cette sagesse et ne ressembler
plus à eux-mêmes, lorsqu'il s'agira d'en gouverner d'autres. La
rage de la domination étant innée dans l'homme, la rage de la
faire sentir n'est peut-être pas moins naturelle : l'étranger, qui
vient commander chez une nation sujette, au nom d'une souveraineté lointaine, au lieu de s'informer des idées nationales pour
s'y conformer, ne semble trop souvent les étudier que pour les
contrarier : il se croit plus maître, à mesure qu'il appuie plus
rudement la main. Il prend la morgue pour la dignité, et semble
croire cette dignité mieux attestée par l'indignation qu'il excite
que par les bénédictions qu'il pourrait obtenir. Aussi tous les
peuples sont convenus de placer au premier rang des grands
hommes *ces fortunés citoyens qui eurent l'honneur d'arracher
leur pays au joug étranger;* héros s'ils ont réussi, ou martyrs
s'ils ont échoué, leurs noms traverseront les siècles. »

Puis s'adressant aux Romains : « Harmonieux héritiers de la

Grèce, vous à qui il ne *manque que l'unité et l'indépendance*, élevez des autels au sublime pontife (Grégoire VII), qui fit des prodiges pour vous donner un nom. » (J. de Maistre, à l'end. cité.)

Que les téméraires, inaccoutumés à respecter la cendre des morts, désignent ces paroles pleines de profondeur et de vérité à l'indignation du monde catholique. J'attends que les préjugés seront plus sacrés que le génie!

VI

La position lamentable de l'Italie était connue de l'Empereur. Il ne pouvait blâmer les réclamations d'un peuple jaloux de son indépendance, qui se débattait dans les étreintes du désespoir. Puissamment intéressé à le plaindre, il devait s'interposer diplomatiquement, afin de lui venir en aide. S'il désapprouvait, avec les évêques (j'avoue, Madame, que je n'en sais rien), certains actes du gouvernement piémontais, il discernait au fond les griefs légitimes. Le représentant de l'indépendance italienne n'étant plus à Rome, mais à Turin, l'Autriche menaçait Victor-Emmanuel. Nous jugions en France que l'indépendance du Piémont, en particulier, est nécessaire à la sécurité de notre territoire. Notre souverain est plus capable d'en juger que le pape et les évêques. Nous voulons être séparés d'une voisine aussi aimable que l'Autriche; c'est notre affaire. Or, l'empereur d'Autriche se préparait à la guerre *contre notre allié*, et plusieurs fois, dit-on, il avait enjoint à ses troupes de franchir le Tessin. Que faire en cette grave conjoncture, où nous avions bien quelque chose à voir? La sagesse répond : Ce qu'on a fait; promettre au roi de Sardaigne, non de se joindre à lui s'il attaquait, c'eût été une folie, puisque le royaume de Sardaigne, restant intact, notre territoire était couvert du côté de l'Autriche, mais nous engager à le soutenir dans la lutte, lui, prince légitime, compromis dans ses droits, et nous sauver d'un mauvais voisinage. Est-ce que le roi de Sardaigne hésitait à rompre avec la Russie, à dégarnir ses places en présence de l'Autriche; à donner son or et son sang pour nous adjoindre quinze mille hommes en Crimée? L'Empereur des Français ne donne pas l'exemple de l'ingratitude.

La plupart des membres de l'épiscopat français, et l'empereur d'Autriche était en droit d'y compter, n'a pas rendu justice à la conduite si sage de notre souverain. Leurs puérils épouvantements ne se tournaient pas vers nos frontières; il était plus digne, dans ce moment suprême, de s'inquiéter sur la plus ou moins grande autorité temporelle du pape. Cette considération, fort minime à certaines heures pour un chef d'empire, a cependant été acceptée avec une délicatesse, qui fait honneur au gouvernement impérial de France. Le ministre des cultes, au nom de son maître, a rassuré les consciences timorées, et l'on était sûr que les États de l'Église ne seraient pas exposés, par notre faute, au coup de main des anarchistes. Nous n'avons pas quitté Rome, nous n'avons pas fourni aux Autrichiens prétexte d'abandonner les Romagnes. Et si ces fameuses Romagnes, où l'autorité du pape n'était plus que nominale, se sont enfin séparées de lui, est-ce notre faute? L'empereur y répugnait tellement, qu'il avait donné un bon conseil, destiné, s'il eût été suivi sous sa propre garantie, à les conserver au pontife qui les pleure. Non, je ne consens pas à amnistier l'Autriche au détriment de mon souverain. L'Autriche, dès longtemps trop coupable par ses tyranniques envahissements en Italie, s'est donné le tort irrémissible de l'agression; et quand, à l'instant précis où les diplomates conservaient l'espérance d'éviter l'effusion du sang, François-Joseph II a violemment rejeté les voies pacifiques, je m'effraie de rencontrer dans ma patrie des gens assez étourdis pour ne pas rendre ce souverain responsable des événements. « Les grandes résolutions, disait le comte de Maistre (14 avril 1815), sont commandées par les grands dangers; s'il en résulte, par la suite, des conséquences malheureuses, *elles doivent être mises à la charge de ceux qui ont rendu ces révolutions nécessaires.* »

Mais, dira quelque catholique mieux avisé, l'Autriche avait besoin de ses troupes!

Vraiment! Permettons-nous une supposition. L'Empereur, avant ou après la bataille de Solférino, demande au pape, *dont la neutralité est très-connue,* le droit de fortifier Ancône ou toute autre ville qu'il nous plaira de nommer. Le saint-père, confiant dans le respect dû aux *neutres*, et craignant de mécontenter son cher fils l'empereur François-Joseph, répond par un refus. Sur-le-champ, notre armée d'occupation quitte Rome et vient garnir nos lignes ; Rome se soulève et prie Sa Sainteté de se déclarer contre les Allemands, de faire des concessions ou de renoncer, jusqu'à nouvel ordre, à son pouvoir temporel. Bon Dieu ! quelles clameurs, quel feu de file contre Napoléon III ! Vainqueur, c'était un souverain vindicatif ; vaincu, on lui demandait avec ironie s'il ne pouvait se passer de cinq mille hommes, si la France était épuisée de braves soldats ; on répétait sur tous les tons, à l'instar de nos modérés charitables, l'exclamation de l'ami Géronte : « Mais que diable allait-il faire dans cette galère ? » — Les Autrichiens veulent fortifier Ancône, Sa Sainteté s'y oppose par les motifs énumérés ci-dessus ; c'était chercher à la cour de Rome une querelle d'Allemand ; ils savent que les Romagnes ne restent sujettes du pape qu'à la condition d'être gardées par des troupes étrangères (ces troupes n'y étaient pas pour rien), et François-Joseph ex-élève des jésuites, signataire d'un concordat qui fait venir l'eau à la bouche des évêques français, adversaire dénoncé de la révolution, chef d'un empire en majorité catholique, rappelle ses troupes que les alliés laissent en paix, que personne n'a l'intention d'inquiéter ; et contre l'Autriche, pas un reproche, et sur la France, toute responsabilité ! Et quand, en certaines réunions, on ose rappeler cette désastreuse mutinerie et se ranger pour son pays, on vous nomme renégat ! Mais, en mettant les choses au pire, il était temps de retrouver ces soldats autrichiens, si nous pénétrions au cœur de la Vénétie. D'ailleurs, l'armée autrichienne était en nombre supérieur à la nôtre. Quel beau thème, aux évêques d'Autriche, d'écrire des mandements avec de fines allusions à la conduite de leur souverain !

VII

Quand une guerre commence, personne ne sait ni où, ni quand, ni comment elle finira. L'empereur d'Autriche s'est cru autorisé, par sa conscience, à s'emparer du bien d'autrui. Il n'a pas craint, instruit qu'il était de l'appui promis par la France au Piémont, de recourir au sort des batailles ; Dieu ne lui a pas donné la victoire ; nos descendants jugeront si sa prudence fut à la hauteur de ses desseins. Je ne dois ni lui décerner des éloges, ni le frapper de mon blâme. Il vaut mieux raisonner. Si la révolution troublait son empire, de deux choses l'une : ou les actes qui compromettaient son repos étaient imputables au Piémont, ou bien ils tiraient leur origine du désespoir né de l'horreur naturelle d'une domination étrangère, ne tenant compte ni des instincts propres à des Italiens, ni des susceptibilités nationales. Le Piémont étant manifestement coupable, l'Autriche gagnait à le dénoncer, à consigner sa violation des traités, du droit des gens, ses conspirations, ses forfaitures, ses injures à un souverain de l'Europe, à démasquer ses batteries, à ruiner ses accusations ; dans la seconde hypothèse, l'Autriche devait alléger le fardeau imposé à ses peuples, mériter plus d'amour que de haine, enlever au Piémont les éléments fournis par l'indignation populaire, abolir par des mesures sages tout ce qui lui conciliait les faveurs de l'opinion. C'est en vain qu'on incrimine la France. L'Italie s'agitait depuis longtemps, et réduite à ses seules forces, elle attaquait les Allemands. Seulement, au lieu de révoltes partielles et de conspirations cruelles, fruits amers de ce qu'on est convenu d'appeler la révolution, on a vu une armée régulière réclamer les droits des opprimés, obtenir le rappel des proscrits, séparer la cause du vrai peuple de la cause de l'anarchie, et rendre à plusieurs millions d'hommes la certitude d'être gouvernés par des frères. Voilà quelle est la conséquence de nos efforts. La révolution n'a rien à voir dans les services que la France a rendus. Nous désapprouvons tout ce qui ne porte pas au front le signe des principes légitimes admis dans le droit international des peuples. Mais il est juste de distinguer entre un révolutionnaire et un homme séduit par l'apparence du droit, entre un ennemi systématique de l'autorité et celui qui, sous l'œil de Dieu, se soulève pour délivrer son pays. Dès que les douleurs n'ont plus d'objet, l'illusion n'est plus possible au cœur honnête. Le dirai-je ? l'Autriche, à mes yeux, n'était pas l'emblème de l'ordre en Italie. L'ordre, a dit supérieurement Augustin d'Hip-

poné, c'est ce par quoi chaque chose est à sa place. Soutiendrait-
on que l'Autriche n'a rien déplacé? Avec sa conviction que la
tranquillité dépend du déploiement de la force confiée aux Allemands, elle obtenait, à la rigueur, un silence d'esclave, jamais
la régularité issue de la véritable obéissance. Et si on observe
qu'au moins les principes sacrés de l'autorité étaient saufs, je
réponds, l'histoire entendue, que le mécontentement, tôt ou tard,
monte jusqu'à l'exaltation, et alors qu'arrive-t-il? Les opprimés
triomphent, et leurs représailles font frémir ou le prince l'emporte, et pour survivre à l'animadversion que son joug suscite,
il ne lui reste que les prisons, l'exil et les gibets. Que voulait-on
encore de l'Autriche? Un terme à la *pression* exercée sur les
ducs, le pape et le roi de Naples, un terme à ses onéreuses prétentions. Elle a parlé de son salut et de l'honneur, qui l'enga-
geait à soutenir les princes implorant son secours. Son salut
reposait dans l'accueil sincère fait aux instances des souverains
intéressés au maintien de l'ordre. Ainsi elle se conciliait leur
concours, la lutte tournait à son profit; le sentiment public, au
lieu de l'incriminer, retombait de tout son poids sur des sujets
incapables de comprendre la générosité des concessions; la révolution vraie, en bouleversant le Lombard-Vénitien ou les duchés,
se démasquait sans coup férir, et nous discernions du premier
regard, qui les gens pervers, qui les amis de la patrie. Tant que
l'Autriche, en Italie, ne mettra pas le bon droit de son côté dans
toute l'acception du mot, les mieux intentionnés ne pourront
l'absoudre entièrement des calamités publiques provoquées par
des protestations légitimes. Les souverains ont assez l'habitude
des affaires pour ne pas se laisser prendre aux insinuations
qu'on répand avec le dessein de la noircir, et pour montrer du
doigt les plaies qu'elle a faites et ne veut pas guérir. Si excel-
lente que soit l'intention d'un prince étranger, qu'il mette les ménagements à sa décharge, puisque (rien n'est plus avéré) les
mesures d'un prince de mêmes mœurs et de même langue seront
facilement tolérées, tandis qu'on les répudiera venant d'un prince
étranger.

L'empereur Napoléon n'a pas appelé les révolutionnaires sous
ses drapeaux, il a détruit leur prestige. Il a pensé que les mé-

neurs et les exagérés tomberaient, du jour où la masse du peuple serait satisfaite. A qui ne suffira pas le bienfait de la délivrance, la réputation de perturbateur de l'ordre social. Le révolutionnaire n'a de chance de succès qu'à la condition de se donner les apparences de la justice, d'exploiter les plaintes légitimes des populations. Un peuple content reste tranquille. Que si l'Empereur, comme on le lui reproche, s'est prononcé pour un roi dont les rapports avec Rome sont blâmés par le jugement étroit de quelques évêques, n'est-il pas juste de supposer à ce roi un sentiment de reconnaissance, qui le disposera à écouter, *s'il le faut*, les représentations que lui ferait, en matière religieuse, son magnanime allié? Etant posée, d'ailleurs, la *première* loi du prince: *Salus populi suprema lex esto*, qu'on avoue si, dans les dangers de l'État, il vaut mieux courber la tête que d'accepter l'aide d'un souverain un peu moins romain que nous? Deux souverains se sont coalisés pour sauvegarder leurs droits; quel homme sensé leur lancera la première pierre? Soyons moins expéditif dans les plus graves questions. L'empereur des Français, à l'exemple de ses confrères, et d'après nos institutions modernes, ne proclame aucune exclusion de son armée aux cultes dissidents. Que la Prusse, l'Angleterre ou la Russie se joignent à nous sur le champ de bataille, la France, jalouse de son unité et de son indépendance, les bénira. D'où partira le maudisseur du chef de l'État, qui essayera de rayer son nom de nos dyptiques? Peut-on laisser cours à des idées pleines de partialité et d'imprudence, qui rejaillissent en torts sur le clergé catholique, accusé d'être aveugle aux intérêts majeurs de la patrie, d'être exclusivement favorable à ce qui procure l'exaltation de la sainte Église romaine.

IX

Vous devez, Madame, à grand nombre de prêtres un moyen superbe de justifier la violation du territoire piémontais par l'armée de Sa Majesté Apostolique. « Que voulait François-Joseph? disent-ils. Donner une leçon au roi de Sardaigne, lui imposer une ligne de conduite plus loyale, lui enlever l'appui des révolutionnaires, et, cela fait, reprendre le chemin de ses domaines, sûr, désormais, d'avoir assuré la paix en Italie. »

O mille et mille fois malavisés diplomates, de ne pas chercher conseil près de ces messieurs! O cabinets de l'Europe, qui auraient épargné leur encre et conservé leur repos! O préjugés d'une classe aussi puissante que le clergé! Sauver le pape en marchant sur la justice, Dieu le veut! Princes, entretenez des rapports plus ou moins fraternels avec Rome, et, selon le droit ecclésiastique, vous serez absous ou condamnés! Maintenant, l'empereur d'Autriche sera bien venu à respecter, selon que l'expérience l'y décide, l'autonomie de ses peuples! Il a entrepris une campagne pour ne pas accorder, à la sollicitation de ses collègues, ce qu'il donne aujourd'hui; bien plus, il s'engage à ne pas établir d'impôts sans l'avis du conseil de l'empire. Certainement, sire, vous aurez tort aujourd'hui; hier, vous étiez dans le droit! Votre Majesté est-elle bien sûre de sa conscience, quand l'Europe se prend à vous admirer? et quand les aspirations légitimes de vos sujets sont entendues, la révolution, à hideuse figure, ne comptera-t-elle pas sur leur appui? O sublime occupation des possessions pontificales du nord, à la solde du pape, pour les conserver à tout prix! O silence divin imposé aux peuples! O magnanime soumission! Je crains, Madame, que votre confesseur ne refuse l'absolution au pape : ceci est sérieux; car, hier, il reculait devant la formation d'une armée à lui; en ce beau jour, il emprunte, afin de s'enlever l'odieux d'être à la merci des étrangers. Et ces messieurs découvrent que le triomphe de l'Autriche relevait beaucoup la splendeur pontificale? Mais le gouvernement Antonelli était donc un bien infime gouvernement? Non, non, il n'en est pas ainsi; nous le soutiendrons en présence des dangers *extraordinaires* comme le Piémont, mieux encore: ce que le monde catholique exige, c'est qu'il soit maître chez lui, dans les circonstances ordinaires, qu'il impose par sa régularité, son énergie, qu'il tienne compte du mal qui se rencontre partout, qu'il soit de son siècle et ne reste pas à la remorque!

Châtier à la façon d'un écolier le roi de Sardaigne, nommer sans doute des évêques aux siéges vacants et *augmenter le nombre des prêtres* en Italie, tracer au souverain ses petits devoirs, et puis se retirer en le soumettant à la surveillance la plus active, en s'adjugeant la mission de le réprimander, de recommencer au besoin la même promenade militaire. Parce qu'il donnait asile aux proscrits, il encourait la peine du fouet. Si l'on tient tant, et ce n'est pas sans raison, à l'indépendance du pape, si on jette le blâme à certains empereurs d'Allemagne d'avoir agi, à son égard, comme l'empereur d'Autriche agissait contre le roi de Sardaigne, par quel moyen sera-t-on d'accord avec soi-même? Depuis quand un souverain, si microscopiques que soient ses terres, admettra-t-il l'obligation de refuser à la douane des compatriotes à charge à son voisin, surtout si le sentiment national lui est favorable? Est-ce que les papes livraient aux empereurs d'Allemagne les Italiens réfugiés sous la protection de saint Pierre, quand ils offraient leurs services et marchaient à la délivrance de l'Italie? Au congrès de Paris, le plénipotentiaire français a protesté contre les excès de la presse belge ; nous n'avons pas envahi la Belgique; l'Autriche, forte des sympathies de l'Europe, pouvait nous imiter. Non, il fallait la guerre et la guerre était juste.

On ajoute que l'empereur d'Autriche perdait pied en Italie; je n'en suis pas étonné ; mais assez fort pour attaquer, à plus forte raison pouvait-il se défendre au sein de ses États.

Châtier le roi de Sardaigne! Mais que certains ecclésiastiques et catholiques sont donc plaisants ! et si, on le croira sans peine, son honneur lui imposait de devoir ne pas accepter la leçon, d'en appeler à l'Italie entière, à son peuple, dans cette lutte suprême, nous aurions vu le plus terrible bouleversement. Vainqueur, le roi de Sardaigne manquait d'éléments pour contenir les passions soulevées; vaincu, je le trouve acculé au pied des Alpes, culbuté en Savoie, puis en France. Quel spectacle divertissant ! On aurait gravé sur sa tombe : *Ainsi finit un ennemi de Rome.* Vaincu, le roi de Sardaigne abdiquait ou rentrait humilié dans sa capitale, l'Autriche plaçait ses États sous séquestre et s'assurait, à l'avenir, de la sincérité du soldat de Palestro. Dites, s'il vous plaît, Madame, à nos chers coreligionnaires ce que je vous écrivais au mois de janvier présente année : l'Autriche ne rend que ce qu'on lui prend, et beaucoup lui ressemblent. Du reste, je désire, je veux, si l'Autriche comprend mieux son rôle à l'avenir, c'est mon espérance, lui vouer une admiration aussi grande que mes jugements sont terribles de vérité.

X

Examinons sommairement d'autres questions. Les catholiques s'insurgent contre les gouvernants qui donnaient des conseils à l'Autriche en faveur du peuple italien et de l'indépendance des souverains ; à Rome, pour réconcilier le peuple à la domination temporelle du saint-père ; au roi de Naples, pour sauvegarder les intérêts de sa maison.

Chacun pour soi ? Je distingue.

Ceux que vous conseillez sont chez eux ? Oui.

Ils ont une connaissance suffisante des instincts de leurs sujets ? Cela viendra.

Vous exercez une action sur leurs affaires intérieures ? Je le nie.

Point de fâcheries, de grâce ; nous avons présenté des observations, signalé des périls trop réels. La souveraineté rend les souverains solidaires. L'empereur d'Autriche n'a pas perdu sa voix dans les conseils du sultan ou de François II. On peut répondre aux idées de son siècle sans renier l'Évangile. L'Italie est à nos portes, et si nous nous montrons indifférents à ce qui se passe chez les Patagons ou les Kirghis, nous ne sommes pas si imprudents de négliger les complications précurseurs de la guerre. J'entendais dire il y a peu de jours : Tout ce que fait Rome est bien fait. *Amen !* Il est temps, alors, d'introduire dans la théologie catholique une thèse où l'on prouve l'infaillibilité du pape, prince temporel. Des catholiques ultramontains, zélés et éloquents, n'opposent pas une fin de non-recevoir aux fautes reprochés aux papes. Jules II ne gouvernerait pas comme Pie IX, Alexandre VI encore moins. Ces ultramontains vénérables ne désavouent pas les abus qui peuvent se trouver, aussi bien qu'ailleurs, dans l'administration romaine. Si ces abus fournissent prétexte à des accusations passionnées, faut-il en conscience approuver les abus ? On n'a pas tenu compte des avis ; il est notoire que les contempteurs s'en trouvent un peu mal. Malgré les refus, nous avons conservé notre égalité d'âme, nous ne refusons pas nos services. Voyez au moins, et réfléchissez comment on arme ses ennemis, lorsque les avertissements et les prières sont taxés de persécution. L'Autriche est tombée par sa farouche opiniâtreté, le gouvernement napolitain souffre en raison de sa susceptibilité et de son incurie, le saint-père pouvait grandir dans l'opinion et consolider son autorité. Ces Etats se sont exposés à l'isolement; leurs concessions paraissent tardives, s'il est jamais trop tard pour bien faire; ils se buttent contre une situation que la sympathie publique n'allége point. On prétendait le roi de Naples aimé de ses troupes: plût au ciel! la Sicile ne le prouve pas tout à fait. Et qu'arriverait-il à l'immortel Pie IX sans la France, dont quelques ultramontains ingrats supposent déjà qu'on puisse se passer, sans les volontaires *étrangers,* qu'essaie d'organiser un illustre général *français.* Notre dévouement fut méconnu, qu'on dise au moins que nous voulions tout sauver!

Nous n'avons pas donné le signal du combat. Notre influence morale à chassé la révolution du nord de l'Italie; le gouvernement piémontais ne peut plus lui donner asile, sans perdre notre bienveillance, sans compromettre ses intérêts. L'Empereur a préféré inachevée la noble tâche qu'il s'était prescrite, plutôt que de se *fortifier de son concours* et de lui fournir une amorce. Les langues cléricales ne suffisent pas à répéter que nos démarches ont suscité des révolutionnaires; on oublie que ces démarches avaient précisément pour but de les démolir, en portant remède au mal qui faisait leur fortune; *que nous nous sommes efforcés d'empêcher l'agression* de l'empereur d'Autriche; que, sans nous, la guerre civile eût dès longtemps éclaté, parce qu'un peuple qui se sent aimé et défendu retient son bras qui frémit et souffre patiemment. Partout où paraît la France impériale, le règne des anarchistes est fini; ils n'aiment pas notre armée, vous les reconnaîtrez à ce signe. Je l'ai dit, ils sont moins nombreux qu'on ne pense, et ne sont pas tombés dans l'illusion qui servirait à noircir la mémoire du gouvernement impérial. Accusez plutôt ces hommes dont l'inintelligence égale la fierté. Les idées d'ordre, proclamées par l'Empereur, n'ont rien de commun avec le mal; les citoyens clairvoyants ne s'y trompent pas.

XI

Mais les Romagnes ! Ici, Madame, la question devient, pour les évêques, tout à fait délicate ; s'ils blâment la guerre d'Italie, c'est particulièrement en ce qui touche le démembrement du domaine pontifical. Si le pape, suivant les bons conseils de notre souverain, avait possédé des troupes, les Romagnes lui appartiendraient. Si, après la bataille de Solférino, il s'était rendu à l'avis de notre souverain, les Romagnes ne l'auraient pas repoussé. Quand on ne veut rien entendre, il ne faut pas se plaindre. L'Empereur ne désirait pas l'annexion des duchés et des Romagnes au Piémont ; mais, sachons-le, Victor-Emmanuel n'est pas le satellite de l'empereur des Français, comme les ducs étaient les satellites des empereurs d'Autriche. Nous respectons son indépendance, et nos conseils ne sont pas pour lui des ordres. Qu'il y soit indocile à la façon de plusieurs autres, c'est son affaire ; s'il est attaqué, nous verrons. Si nous avions pu prévoir le départ glorieux des Autrichiens, il nous aurait peut-être convenu de garder l'éminent légat, puisque son maître ne pouvait rien. Or, les choses se sont faites avec une promptitude si édifiante, que nous l'avons appris en même temps qu'arrivait la certitude que le sentiment populaire avait pris cause contre le gouvernement des cardinaux. Et tenez, Madame, l'armée française, témoin des vœux du peuple romagnol, aurait eu peine à rétablir ce qui fut, nous aurions été mal reçus, l'armée n'aurait pas sans chagrin entrepris cette tâche ; elle ne revient guère édifiée de ce qu'elle a vu.

Si ce que j'écris ne s'applique pas rigoureusement au reste des États pontificaux, rappelons-nous donc que le pape se soutenait, dans les Romagnes, avec une force autrichienne à sa solde ; et l'on s'étonne que les antipathies contre l'Autriche aient éclaté contre lui ? Les étonnés connaissent bien la nature humaine ! Là, rien ou presque rien ne trahissait une domination franchement italienne, et quand on m'aura prouvé que la situation des Romagnes était *normale, régulière*, je modifierai mes idées ; sinon, non. Quel rôle pouvait accepter l'Empereur ? Inventer des moyens termes, sauvegarder le principe ; recourir à la violence, devenait impossible. Il était sur place et jugeait mieux que nous. Vos amis, Madame, incriminent les votes dans les duchés et les Romagnes. Voyez donc ce qui se passe en Savoie et à Nice. Françaises par le cœur, Nice et la Savoie veulent rentrer dans l'unité française (l'ex-*Univers* les y poussait), au même titre que les duchés veulent d'un prince italien, qui les gouverne sans l'ordre des diplomates de Vienne. L'unité des peuples est un fait providentiel ; aveugle qui ne le voit pas. Les protestations des ducs sont restées jusqu'alors sans écho dans le peuple, qui ne sait qu'une chose, chasser les Allemands. La réaction qui s'est manifestée contre eux pouvait se prévoir. S'ils s'étaient constitués, et c'était prendre le noble parti des convenances, s'ils s'étaient constitués les adversaires de l'étranger, les amis de leur propre indépendance, ils seraient chez eux aimés, soutenus, protégés. Est-ce que l'Empereur pouvait imposer à des peuples ces princes réfugiés en Autriche, qui émettaient le vœu de le savoir battu, humilié, détrôné ? Et cependant sa lettre au roi de Sardaigne témoignait de ses bonnes intentions à leur égard ; impuissant à les faire prévaloir sans de nouvelles secousses, il souhaite, du moins, que son empire le connaisse tel qu'il est, appliqué à sauver selon ses forces les grands principes de l'ordre social, soumis sans peur et sans reproche aux décrets de la Providence, heureux du rang que notre pays occupe dans le monde, prêt à profiter des occasions d'établir le règne de la justice, certain d'avoir bien mérité de la patrie.

XII

Il est triste de voir les princes chrétiens ennemis ; cette considération, cependant, n'a pas arrêté les papes lorsqu'il fallut délivrer l'Italie de l'asservissement à l'étranger, recouvrer la liberté nécessaire au saint-siége. Pour ne citer qu'un exemple, Léon X se confédérait avec Charles-Quint contre les Français maîtres de Milan. Ecoutons :

« Milan était fatigué de la domination française, à la première sommation des alliés il se rendit, sans même essayer de se défendre. Depuis l'expédition de Charles VIII, l'esprit national italien avait fait de grands progrès ; le joug de l'étranger, qu'on subissait d'abord avec joie, était devenu lourd et pesant. Jules II commençait à être compris. *Il faut bien avouer que cette haine pour l'étranger est due à la papauté, qui, depuis Alexandre VI, travaille à rendre odieux aux Italiens tout ce qui porte le nom de barbare.* Réduite à ses seules forces (au moins ne les refusait-elle pas), il est certain que la papauté n'aurait pas pu opérer la délivrance du sol; aussi *s'allie-t-elle* à Charles-Quint, pour refouler au delà des Alpes les Français, *mais avec une arrière-pensée qu'on a taxée de ruse* et qui n'est que du patriotisme, *celle de tourner ses armes,* avec la grande confédération italique, *contre les Espagnols dont elle se servait pour instrument.* »

« Léon X était à sa maison de campagne de la Magliana, quand un courrier vint lui apporter la nouvelle de la *restitution* au domaine de l'Eglise, de Parme et de Plaisance, ces deux bras de l'exarchat de Ravenne, selon l'expression de Jules II (Charles-Quint avait promis autre chose à Léon X s'il s'unissait avec lui contre les Français). Que Dieu accorde encore quelques jours de vie au Pontife, et *dans toute l'Italie il ne restera pas une lance étrangère !* Il partit le 24 novembre de la Magliana pour Rome. De grandes réjouissances eurent lieu pendant trois jours. Pâris de Grassi (maître des cérémonies) vint demander à Sa Sainteté si elle jugeait convenable de rendre à Dieu de solennelles actions de grâce. « Que vous en semble, dit le pape?—Très-saint-père, répondit le maître des cérémonies, quand la guerre éclate entre des princes chrétiens, l'Eglise n'a pas coutume de célébrer la défaite du vaincu, *à moins, toutefois* (remarquons ceci), *que l'Eglise n'en retire quelque avantage.*» Le pape sourit et répondit: « J'ai recouvré un beau trésor ! — Alors, répliqua Pâris, nous remercierons Dieu (1). » Voilà qui est terrible !

Léon X aurait conspiré contre la domination allemande, ne se serait pas contenté d'allocutions, aurait conservé le beau trésor des Romagnes.

Un mot, et je termine cette première partie de mon travail.

Le prince, chef d'un empire dont les habitants sont libres de ne pas appartenir au même culte, favorisera sans doute les

____

(1) Audin. Roscoé.

croyances de la majorité, il ne se croira pas permis de contrain-
dre ses soldats juifs ou protestants à combattre exclusivement
pour elles ; il n'exposera ses troupes que si l'utilité commune le
demande, comme en Syrie, par exemple, travaillera à augmenter
l'influence de sa patrie, à développer ses institutions, à conserver
l'ordre, à favoriser l'extension du commerce, protégera ses natio-
naux, ne sera le jouet d'aucun parti, veillera à son indépendance.
Quiconque lui assigne une autre mission peut bien mériter de
son culte, en politique il joue de malheur.

I

Dans ce qui précède, j'ai laissé de côté les dogmes dont je ne veux point m'occuper, je me borne à traiter les questions que les publicistes tiennent de leur ressort. Je n'ai rien dissimulé, afin de donner une juste idée des graves événements dont les catholiques gardent un si amer souvenir. Votre conscience, Madame, vous autorise-t-elle à concéder aux souverains, quels qu'ils soient, le droit certain de ne pas agir exclusivement sous le coup des convictions religieuses ? L'Empereur, à qui nos évêques ont fait serment de fidélité, vous semble-t-il moins indigne de votre indulgence ?

J'aborde les autres difficultés.

La situation du roi de Naples vous inquiète ; vous avez raison. La France, cependant, malgré le désir prématuré des catholiques français, n'est pas engagée d'honneur à se mettre à la disposition de Sa Majesté napolitaine. Nos catholiques sont trop exigeants, et je suis d'avis, vous ne me démentirez pas, Madame, qu'ils traitent leurs intérêts avec un peu plus de sang-froid. Quel traité nous oblige à lui prêter aide et protection ? Nous avons plus fait pour François II que tout autre souverain, que l'Autriche qui l'a perdu, et nous assurons à sa royauté des garanties que les ingrats ne couvriront pas de mépris. Qu'ils attendent pour juger : nous agirons selon les convenances ; nous n'avons pas la liberté d'intervenir partout où les princes catholiques tremblent pour leur couronne. François II nous a laissés seuls en Italie, est-ce un motif de reconquérir la Sicile ? Encore une fois, attendons ; le roi de Naples sera content de nous. L'Empereur, qui connaît les intentions de ses collègues, ne se méprend pas sur la gravité qu'il y aurait à mériter leur désapprobation, à susciter leur défiance ou leur jalousie. Nous protégeons le roi de Naples, nous sommes en Chine, nous partons en Syrie. L'Empereur sait ce qu'il faut, lorsque notre intérêt national est compromis, lorsque notre libre et indépendante action dans le monde est menacée.

J'arrive à ce qu'il y a de plus brûlant pour le corps épiscopal. Le gouvernement a pris des mesures à l'égard des mandements insérés dans les feuilles catholiques. La foudre éclatera. L'*Univers*, de charitable mémoire, reproduisait tout ce qui, en ce genre, était de sa taille, avec une imperturbable fidélité. Il fut le mandataire de l'agitation. Il a jugé de son devoir de publier ses convictions ; ses convictions étaient un préjudice à l'ordre ; le gouvernement lui a barré le chemin, le gouvernement a bien fait.

Notre intervention en Italie a contristé l'épiscopat, c'est de notoriété publique, le nonce à Paris donnait le ton sur ce point. Quand des prières ont été ordonnées pour le succès de nos armes, des prêtres ont dit sans mystère : « Je prierai pour la paix, je ne demanderai pas la victoire. » C'était un bon mot, qu'il est nécessaire de transmettre à la postérité. Les prières ont été exaucées, la paix s'est faite, nous avons quitté le champ de bataille sans trop de déshonneur.

Voilà les possessions pontificales raccourcies ; l'épiscopat, d'accord avec son chef, déclare qu'il y a tumulte, se met en campagne. *Fugite de medio Babylonis, et salvet unusquisque animam suam : nolite tacere super iniquitatem ejus, quoniam tempus ultionis est a Domino ; vicissitudinem ipse retribuet ei.* (Jer., LVI, 6.) Mgr d'Orléans ouvre la marche et s'écrie : « Il n'est plus possible de se taire. » Accordé. Une des grandes qualités de M. Dupanloup, c'est d'être l'ennemi du silence. Après lui, les vénérables collègues paraissent dans la lice. Or, si les évêques dont je parle s'étaient contentés de déplorer les circonstances malheureuses qui privaient le pape (il ne s'en prendra qu'à lui-même), sans notre coopération, contre notre aveu, d'une partie de ses États ; s'ils l'avaient fait dans des termes plus mesurés, capables de mettre à couvert la responsabilité de leur souverain (ce n'était pas leur avis), le gouvernement, quoique blessé, n'aurait probablement pas trouvé motif à sévir. Les choses allaient au rebours, et grand nombre de curés brodaient courtoisement sur le thème venu de la chancellerie épiscopale ; chimistes infaillibles et infatigables, ils employaient avec ardeur le métal déposé dans leur coupelle ; les agitateurs n'y

allaient pas de main morte; et malgré que les évêques inscrivent
à la fin de leurs circulaires: «Ceci sera lu sans commentaires,»
les plus zélés, inspirés de Dieu, ajoutent leur petit mot.

Avant tout, posons en principe, Madame, que les brochures ou
écrits de l'épiscopat, qui pouvaient être considérés comme la
pensée propre d'un homme, que le prêtre ne colportait pas au
nom de sa foi, qu'il ne lisait pas du haut de la chaire aux fidèles
assemblés, curieux, émus du fracas sacerdotal, ont été libres de
circuler d'un bout de la France à l'autre. Que l'évêque écrivain
contrevienne aux lois, il en répond devant les tribunaux; s'il
excite au mépris ou à la haine du gouvernemnt, la police le cor-
rige; cela s'est vu, cela se verra toujours. Encore que le nom d'un
évêque mis en tête d'un livre donne à ce livre une portée plus
grande que le nom d'un inconnu de mon espèce, il fait son chemin, on le combat, on le défend, l'opinion le juge; on n'attaque
pas l'évêque, l'auteur seul paraît. Mais le pontife qui brandit le
glaive spirituel, qui signale directement ou indirectement les fautes
de son gouvernement, contre ce qu'il y a pour lui et ses diocésains
de vénérable et de sacré, à quoi tend-il? A inquiéter les consciences, à discréditer la politique de son pays. Et comment le souverain résistera-t-il à une telle puissance?

La politique est la politique, et Richelieu, cardinal et évêque,
ne temporisait guère, même avec le pape. L'Empereur est, quoi
qu'on pense, plus aimable que le cardinal-ministre. Il n'a pas dit
aux évêques, comme l'eût fait Richelieu : Messieurs, taisez-vous.
Il n'a pas employé le moyen en vigueur dans certaines contrées
catholiques, de soumettre les mandements au contrôle de la puissance civile; il le pouvait, quelques-uns disent qu'il le devait.
Non, il ne s'est pas prémuni contre les désagréments qui résul-
tent du choc des deux puissances; les évêques ont parlé, et cependant n'était-il pas permis de leur tenir le discours suivant :
« Monseigneur, nous concevons très-bien les inquiétudes que
suscitent dans votre cœur les fâcheuses circonstances où le pape
se trouve placé; vous serez assez juste, nous l'espérons, pour
dégager la vérité de l'erreur et ne pas représenter le gouvernement, soit en écrit, soit en paroles, sous des couleurs qu'il n'accepte pas. Inspiré par la sagesse, vous ne transporterez point sur

le terrain religieux des faits dont la politique a le secret. Ce que vous prêcheriez à cette heure, sous ce rapport, s'interpréterait certainement contre Sa Majesté Impériale. L'Empereur se rend témoignage de n'avoir rien négligé des moyens capables de parer aux inconvénients que l'épiscopat déplore. Sa Majesté saisirait avec joie les occasions d'être agréable au saint-père. Si les événements ont été plus forts que ses conseils, vous supposerez facilement que ses intentions étaient pures et dignes d'un meilleur sort. Notre armée est à Rome, *à notre solde*, et nous ne serons pas suspects d'y avoir soutenu la révolution. Tout ce que vous dénoncerez publiquement, dans des lettres officielles aux catholiques, pèsera sur le gouvernement impérial; vous donnerez lieu de supposer une scission entre le gouvernement et l'épiscopat, vous sèmerez la défiance entre le souverain et ses sujets. En présence d'un pareil état de choses, nous vous prions de bien considérer le mal qu'occasionneraient vos plaintes. Le gouvernement n'a pas de chaires pour justifier sa politique et proclamer ses raisons. Ce que le peuple croit par vous, nous n'avons, pour le démentir, le cas échéant, qu'une publicité qui très-souvent n'arrive pas jusqu'à lui; tout l'avantage serait pour vous, Monseigneur, et nous aurions le malheur d'être condamnés sans appel par les consciences que vous dirigez. Nous devons donc vous rappeler que votre zèle serait mal venu d'empiéter sur votre prudence, bien certain que vous êtes de la peine que nous ressentirions si la liberté qui vous est dévolue servait contre le souverain qui vous la garantit. »

Un avertissement dicté de la sorte ne serait pas visiblement tyrannique.

Le ministre n'a rien dit, parce qu'il y a certaines mesures que la justice et la délicatesse rendent inutiles et qu'on se résigne avec peine à soupçonner. Quelques évêques, d'ailleurs, en auraient été blessés.

L'histoire dira qu'avec tous les droits possibles, le gouvernement impérial n'a soumis à aucune censure les lettres pastorales adressées aux curés, et lues pendant l'office principal du culte catholique; sans établir d'embargo, une quarantaine au port ne leur eût pas été préjudiciable. Que les choses continuent sur ce

pied, et l'Empereur sera bientôt réduit à craindre ses sujets. Je loue Sa Majesté des preuves de patience et de longanimité données à la face du monde, d'avoir compté sur l'amour de son peuple, de n'avoir répondu à l'ingratitude que par le silence et la modération. Mais il me plaît de lui supposer des torts ; qui devait le traiter avec plus de ménagements, le justifier autant que les circonstances l'ont permis, le plaindre au besoin et l'aider à les réparer ? L'autorité, cette chose sainte livrée à la brutalité des partis ! Mais on est exposé à tout voir de nos jours ; on prétend qu'un évêque, ayant obtenu la croix de la Légion d'honneur, s'est avisé de proposer au souverain d'obtenir, avant de la porter, une permission de quelques prétendants. A quand donc la fin des injures ? Le comte de Maistre, qui désapprouvait bien des mesures prises en France par le pouvoir en 1816, écrivait au comte de Blacas : « Le roi a fait ce qu'il a pu... ; il n'y a dans ce moment, d'autre loi, d'autre salut, d'autre constitution que de marcher avec le roi, *dût-il même se tromper en quelque chose. (Ainsi parle l'homme sage.) Si cette doctrine n'est pas la vôtre,* ajoutait ce grand homme, *j'espère au moins que vous ne me ferez pas brûler pour la mienne.* » Ainsi soit-il !

II

Libres chez eux d'enseigner selon leur foi, que voulaient donc les évêques ? Une liberté politique et religieuse sans contrôle, même aux époques les plus difficiles, de lancer leurs manifestes à tous les diocèses du monde, *urbi et orbi.* Qui restera impassible devant cette prétention ? Les ministres de mon souverain l'ont écartée, et je me sens coupable de ne les avoir point maudits. Etudier les motifs de leur conduite m'a semblé préférable aux malédictions, et ces motifs les voici :

Les évêques jouissent des mêmes droits dans leurs diocèses respectifs ; ils connaissent les prêtres et les fidèles confiés à leur sollicitude. Quelques-uns sont d'avis qu'ils ont bien fait de se taire, ou bien qu'il convenait de prendre un ton plus modeste que leurs illustres collègues. (D'autres se repentent déjà d'avoir parlé.) Pourquoi s'adjuger la mission de diriger les catholiques du monde entier, de former la conscience du prêtre, à qui son évêque, inspiré par le même Saint-Esprit, ne veut rien dire de ce que vous dites aux vôtres ? Vous plaît-il donc d'exposer l'évêque diocésain à la critique des prêtres et des laïques, sur sa conduite plus ou moins ultramontaine ? Rappelons nous, Madame, quel mal résultait des discussions engagées à propos du grossier *Univers;* la scission dans l'épiscopat était complète, et pour y mettre un terme, le pape s'est cru obligé d'intervenir. Le gouvernement bien informé permettra-t-il que de pareilles misères se reproduisent ?

En publiant ces manifestes par la voie des journaux, ne livrez-vous pas au mépris de tous les catholiques espagnols, allemands (ceux-ci vous en savaient gré), irlandais, américains le souverain qui vous gouverne ? Vous prêtez, écoutez bien ceci, au protecteur du catholicisme en Orient et ailleurs, des maximes décourageantes pour nos frères qui espèrent en lui, favorables seulement aux entreprises des infidèles et des païens. Quels remords doivent vous pénétrer l'âme ! ou il faudra dire avec Bernard de Clairvaux : « *Quid est cor durum ? Si ad hæc non exhorruisti tuum est !*

Voyez donc les cultes dissidents et les publicistes, qui vous surveillent comme vous les surveillez, incriminer vos paroles et les traduire de telle sorte, qu'il faille s'attendre à je ne sais quels chocs où vous risquez d'être renversés, en laissant sur place les marques évidentes de votre partialité et de votre insubordination. Voulez-vous qu'on emprisonne vos détracteurs ? Et si on les laisse libres, si on ne les persécute pas, réclamerez-vous contre leur manière de voir incompatible avec la vôtre, du moment que vous abordez un terrain qui peut avoir, selon vous, de l'importance, mais qui ne sera jamais défendu à l'égal d'un article de foi ? Faut-il permettre que les évêques catholiques soient sifflés, bafoués, contredits, insultés chaque jour ? Eh ! mon Dieu ! les ministres vous ont protégés, de grâce laissez-les faire; vous devenez fatigants. Les journaux du 29 juin dernier reproduisent une lettre de M. le ministre de l'intérieur, qui permet aux évêques d'insérer leurs écrits dans les journaux, comme ci-devant. Le ministre est juge des circonstances, mais nous sommes sûrs que, tôt ou tard, on regrettera d'être si généreusement traité.

Vous exposez les soldats catholiques à douter de la légitimité des ordres de leurs chefs; vous provoqueriez à l'instant donné, dans les casernes ou les camps, des discussions malheureuses, d'où naîtraient des mécontentements et des haines.

Vous mettez en jeu les passions religieuses du prêtre et du peuple, et parce que l'idée du pouvoir temporel du pape ressemble à une personne incomprise et ridicule, dans nos campagnes, vous créez des froissements dont le pasteur sera victime (est-ce vrai?), en même temps que le souverain passe aux yeux de ses sujets, pour l'ennemi de vos aspirations (si bien payés que vous soyez), pour un homme qui fait litière de ses engagements et qu'on traduit à la barre de l'opinion catholique.

Enfin, au lieu d'inviter au calme, qui seul permet d'aboutir, de respecter les sages lenteurs du souverain, vous devenez le refuge des partis, contents de vous voir tirailler à l'avant-garde, et servez de prétexte à des oppositions rancunières (ne vous y fiez pas trop), qui s'alimentent de vos récriminations et lèvent la tête, à l'abri de la vénération qui couvre votre dignité. Quelle gloire ! et tout ce bruit ne valait-il pas un meilleur sort?

Vous me dispenserez bien, Madame, de tirer les conclusions. Qu'avons-nous gagné ? car le succès justifierait les moyens. Avonsnous rétabli l'influence de l'Autriche? Point. A-t-on fait hommage au saint-siége du bout de terre que le pape jure de conserver au patrimoine de saint Pierre? Point, c'est perdu. Voici, selon moi, ce que les évêques et leurs suivants ont gagné : ils ont irrité des hommes dévoués, qui savent tenir compte des circonstances, qui se souviennent que le plus grand politique est obligé, quelquefois, de changer d'avis (comte de Maistre), forcé d'accepter les choses imprévues ; on a mis le gouvernement à même de se repentir de ses bienfaits; on est devenu suspect à beaucoup de nos concitoyens, qui s'attendaient, à une époque où l'autorité réclame des défenseurs, qu'elle ne fût pas marquée pour but aux accusations de la malveillance et de l'égoïsme.

Mais il fallait protester? C'est possible. A mon point de vue, rien n'était plus inutile, parce que, d'une part, on était certain des sentiments de l'épiscopat, que, de l'autre, les protestations restaient sans effet. Qu'on ait recommandé le saint-siége aux prières, rien de plus légitime, en exprimant sa confiance au prince ; qu'on ait à la rigueur déposé ses plaintes auprès du trône (les évêques qui ont agi de la sorte ne sont point des apostats), cela se conçoit ; mais crier sur les toits et frapper l'autotorité, à quoi bon ? Etait-il si nécessaire d'intéresser l'opinion de l'Europe, et de donner le fatal exemple dont les cœurs français sont encore épouvantés ? Mais que dire à des gens qui fuiräient la table de leur souverain ? Et qu'aurait-il fait, cet auguste souverain, sinon de calmer les susceptibilités, de *dire* nettement les choses ? et alors on n'aurait rien dit. Plus tard, on adresse une pétition au sénat ; l'accepter était un blâme au souverain, et ceux qui le connaissent n'ont pour lui que des éloges.

Vous n'avez pas protesté contre l'Autriche, engagée comme nous ; pourquoi ? Vous n'avez pas protesté contre le traité de Villafranca, où cependant il était question d'obtenir du pape des concessions, exigées par les tendances de l'époque. Vous avez loué l'Empereur s'arrêtant après la victoire de Solferino et laissant la Vénétie à l'Autriche ; pourquoi ? Sa Majesté avait dit qu'elle n'allait pas en Italie détruire le pouvoir du saint-père, elle n'a rien fait dans ce but ; mais elle avait dit aussi que l'Italie serait libre des Alpes à l'Adriatique ? L'Autriche, à vos yeux, plus catholique (?) que le Piémont était, en jeu. Chateaubriand exprimait une grande vérité lorsqu'il écrivait : « Tant que le cœur a des désirs, l'esprit conserve des illusions. » L'Empereur jugeait la position mieux que nous, ceci ne semblera pas une injure aux ardents, et d'ailleurs *un roi trompé n'est pas moins notre roi* (J. de Maistre), et son dernier discours aux grands corps de l'Etat nous a donné ses raisons. En Italie il a vu, de ses propres yeux vu, un débordement d'opposition contre l'étranger et les gouvernements de sa façon, tel que, ses conseils étant rejetés, il ne pouvait rien faire plus que de ne pas entraver, en certaines provinces, l'action d'un gouvernement régulier ; c'était le moyen d'en bannir la révolution. Demandez aux soldats qui ont vu, s'ils respirent à l'unisson de leur chef ; demandez à M. de Mérode s'il n'y avait rien à réformer dans l'inertie des bureaucrates romains.

Croyez-vous, d'autre part, l'empereur François-Joseph résigné, dans l'occasion, à subir, contre son gouvernement, la campagne risquée par des évêques de France contre sa Majesté Impériale?

Tous les Français ne sont pas catholiques, Madame, et parmi les catholiques, beaucoup sont protestants, en ce sens qu'ils rejettent une partie des vérités que les évêques proposent à croire, sous peine de damnation. On ne voudrait pas que les catholiques, en minorité dans certains pays, fussent plus maltraités que les dissidents. Si l'on est juste (*rara avis in terris Ecclesiæ*), on admettra que les réformés et les juifs sont en droit de lancer leurs circulaires, de les insérer dans les journaux. Pourquoi seraient-ils obligés à plus de respect envers le gouvernement? Si leur conscience proteste contre les actes du pouvoir, s'ils le soupçonnent, les traiterez-vous de rebelles parce qu'ils vous imiteront? Et s'ils avaient leurs agents secrets, leurs affidés, porteurs du mot d'ordre aux ambassadeurs des puissances protestantes ou infidèles, comme il plaît d'en fournir aux nonces et aux ministres de Sa Sainteté, que dirions-nous? Et si le gouvernement de l'Empereur s'était privé d'un antécédent essentiel à sa libre action, les dissidents, entraînés par l'exemple, avaient-ils plus à craindre que nous? Où nous mèneront de pareils débats, si le gouvernement n'intervient? Quoi donc! les cultes, la magistrature, l'armée, pourront à leur gré, dans un organe quotidien, publier leurs griefs imaginaires, forcer la main au pouvoir, le mettre au pied du mur! Mais avec ce principe, non-seulement l'autorité souveraine devient méprisable, elle n'existe plus. Catholiques zélés, que diriez-vous si le protestantisme nous avait rendus témoins d'une levée de boucliers semblable à la vôtre? A quoi bon ce fracas, ce pressentiment puéril de Vincennes, ces faux airs de martyrs?

Reste cette fameuse encyclique accostée de la suppression de l'*Univers.*

L'article 207 du code pénal est ainsi conçu : « *Tout ministre d'un culte* qui aura, sur des questions ou matières religieuses, entretenu une correspondance avec une cour ou puissance étrangère, sans avoir *préalablement* informé le ministre de l'Empereur chargé de la *surveillance des cultes*, et sans avoir obtenu son autorisation, sera, *pour ce seul fait*, puni d'une amende de cent francs à cinq cents francs, et d'un emprisonnement d'un mois à deux ans. »

Cet article ne fut point aboli par la Restauration, il est pleinement en vigueur. Si, depuis le concordat de 1802, les évêques correspondent librement, soit pour obtenir des indults ou des dispenses particulières en faveur des individus qui désirent contracter mariage (le pape serait bien aimable de laisser tout cela aux évêques), faut-il croire, comme l'a écrit M. Dieulin, vicaire général de Nancy (*le Guide des Curés*, etc., t. I, p. 429, 3ᵉ édit., 1844. — M. Dieulin est décédé), que cette correspondance n'est point soumise, comme le prescrit l'art. 208, à l'autorisation du ministre ? Nullement. Celui en faveur de qui la loi est portée s'en sert à discrétion ; elle reste écrite dans le Code pénal. L'Empereur, dans un décret daté de Fontainebleau, 12 juin 1860, rend les lois pénales et d'instruction criminelle applicables à Nice et en Savoie, à partir du jour de la réunion de ces territoires à la France. Le gouvernement français jugera de leur application ; mais il est très-probable que l'exemple donné récemment ne sera pas perdu.

Pour bien juger une loi, il est requis de considérer le but du législateur. Or, pourquoi l'art. 207 du Code pénal ? Pour obvier à l'inconvénient qui ressort d'une correspondance avec une puissance étrangère, capable de jeter le trouble dans l'Etat. Les catholiques reprochent amèrement au protestantisme d'avoir, pendant les guerres de religion, entretenu des intelligences avec leurs coreligionnaires étrangers, avec des souverains de leur foi. Le pape mécontent ou en guerre avec la France, puisqu'il est souverain temporel, ne peut-il bouleverser l'Empire ? Rien de plus terrible que les affaires que la religion conduit. Qu'un magistrat civil, qu'un chef militaire ose troubler l'exercice public et légitime du culte, se permettre d'empiéter sur le domaine des choses spirituelles, l'évêque en référera au ministre ; pourquoi s'adjuger tous les avantages et ne se soumettre à rien de ce que le pouvoir demande en sa faveur ? L'Etat ne peut protéger qu'à la condition d'être protégé ; entre repousser sa protection et reconnaître ses lois, il n'y a pas de milieu. On veut consulter Rome sur des cas de conscience? Pourquoi craindre de tranquilliser le souverain en prouvant que les scrupules ne peuvent lui porter aucun préjudice? Le décret du 28 février 1810 a donné toute latitude en ce qui touche les brefs de la pénitencerie relatifs au *for intérieur*. Cela paraît insuffisant! Quels sont donc les projets?

L'article 1er des articles organiques est ainsi conçu : « Aucune bulle, bref, rescrit, décret, mandat, provision, signature servant de provision, ni autres expéditions de la cour de Rome, même ne concernant que les particuliers, ne pourront être reçus, publiés, imprimés, ni autrement mis à exécution sans l'autorisation du gouvernement. » C'est clair et c'est juste.

Des évêques ont dit : « Nous ne reconnaissons pas les articles organiques. » Les protestants paraissent à leur tour : « Si ces articles ne sont pas acceptés des évêques, nous rejetons les articles qui règlent notre culte. » Le gouvernement se trouve ainsi placé dans la nécessité, ou de les abolir pour tous, ou de les maintenir, malgré les réclamations de l'épiscopat. Les articles organiques ne sont, à vrai dire, que l'explication des lois promulguées, du consentement des parties contractantes. Ceux qui furent publiés avec le concordat ne sont pas une invention du premier consul, et n'ont rien changé dans la convention passée, acceptée à Rome. Le premier consul y résumait les anciens règlements relatifs à l'exercice du culte. C'est, dit M. Dieulin, comme un abrégé des anciennes libertés de l'Eglise gallicane, sanctionnées par les parlements et par certains édits de *nos rois*. On s'explique que le pape ait réclamé contre des libertés qui contrarient ses idées d'omnipotence. Même à l'époque du sacre, sa voix ne fut point écoutée. Le pouvoir, *qui avait tant travaillé au bien de l'Eglise*, ne se crut pas assez fort devant l'opinion pour renoncer à ses droits; son salut lui imposait le devoir de résister. En 1817, Louis XVIII accordait la révocation de ce que ces articles ont de contraire à la doctrine et aux lois de l'Eglise; c'était très-vague, et plus tard des difficultés n'ont pas permis de s'entendre à ce sujet. Cependant le pape réclamait, en particulier, l'abrogation de l'art. 36, qui chargeait le métropolitain de pourvoir au gouvernement des diocèses, après la mort de l'évêque titulaire. On a passé l'éponge sur l'art. 36. Dans tout ce qui reste, il est facile de justifier la prévoyance du gouvernement et de noter les prétentions exagérées de la cour de Rome. Si on laissait Rome agir, nous serions des ilotes.

On se garde d'incriminer, bien entendu, ce que les articles organiques contiennent de favorable au corps épiscopal ; on veut d'une liberté sans limites, des faveurs sans mélange d'obligations. Un gouvernement qui se priverait de surveiller les cultes serait bientôt condamné à l'inaction, à l'impuissance, à la servitude.

Puisque, dans ce rapide énoncé, il m'est impossible d'émettre toutes mes pensées, je me bornerai, Madame, à l'examen sommaire de quelques articles organiques. Le premier de ces articles a été récemment inséré au *Moniteur*. On le blâme, on le dénigre, on le maudit. On rappelle que la bulle du jubilé pour 1833, et les lettres encycliques de 1832 et de 1834, ont été publiées sans l'autorisation du conseil d'Etat. A cela je réponds que le gouvernement ne s'impose pas *toujours* le devoir d'arrêter tout ce que Rome pousse dans l'*Univers* ; il est juge de mettre à profit les garanties nécessaires à son indépendance ; mais, plutôt, il redoute des mesures de répression antipathiques à la générosité. Il pourrait constater solennellement les délits dont on s'est rendu coupable, il ferme les yeux avec l'espérance de n'être plus trompé : erreur ! Il résiste aux conseils qui le pressent d'arrêter les empiétements, de ne pas donner à l'avenir de préjuger contre les droits qu'il néglige de défendre. Du reste, cette bulle et ces encycliques, dont on est tenté de se prévaloir, n'atteignaient que le spirituel ; le gouvernement n'y a rien découvert de dangereux, et n'a pas fait semblant de s'en inquiéter. Néanmoins, une ordonnance du roi, rendue en conseil d'Etat (23 décembre 1820), prononçait la suppression d'un mandement de l'*évêque de Poitiers*, lequel prescrivait la lecture et la publication d'un bref du pape, relatif à la *petite Église*. Nous sommes convaincus, dit Mgr Affre, que pareille décision ne serait plus portée aujourd'hui.

Il ne faut jurer de rien.

Et sur quoi s'appuyait l'auteur du traité de l'*Administration temporelle des paroisses* pour établir sa conviction ? Il se disait, sans doute avec M. Dieulin, que *les papes de nos jours, quoique souverains temporels d'un Etat particulier, n'exercent plus que des actes purement religieux et spirituels dans leurs rapports avec les diocèses de la chrétienté.* Et quand je l'admettrais, les actes purement religieux et spirituels, qui entraînent les consciences, ne causeront-ils jamais de bouleversement dans les États ? Si vos censures désignent à la défiance des catholiques, comme on se l'imaginait il y a fort peu de temps, le prince dont nos évêques sont sujets, combien lui trouverez-vous de sujets disposés à rendre à César ce qui est à César ? Combien lui donnerez-vous à vivre ? Vous déterminerez la durée des règnes. Et si les protestants se croient lésés, s'ils reçoivent du dehors un mot d'ordre, qui les empêche de se soulever, où sera le pouvoir modérateur dans la société ? Et vous voulez qu'un gouvernement oublie le passé, dédaigne son expérience, reste désarmé devant le péril, n'ait pas le temps de traiter de sa réconciliation, d'éclairer le peuple avant d'être condamné ? Mais c'est absurde !

Ecoutons une dernière fois le vicaire général de Nancy : *Ils* (les papes) *font une complète abstraction de leurs intérêts temporels et politiques* (Bien.) *pour ne se conduire qu'en qualité de chefs visibles de l'Église universelle. L'intérêt religieux est tout ce qui les préoccupe dans les temps présents. On n'a à craindre, de leur part, aucun procédé ambitieux ou hostile à la paix des Etats. Toute précaution, même à cet égard, serait de nos jours une injure gratuite pour le saint-siége. La vérification des bulles, brefs, rescrits, etc., est donc sans but.*

Sans être prophète, M. Dieulin parlait d'or, et voilà que ses affirmations ont reçu le plus solennel démenti. Les précautions, loin d'être une injure gratuite, sont plus nécessaires que jamais. L'intérêt religieux occupe les papes, quand l'intérêt religieux seul est en jeu. Qu'une puissance traite avec eux, elle s'apercevra bientôt s'ils sont morts au monde, si, sous un prétexte *matériel* abrité de considérations religieuses, ils peuvent devenir hostiles à la paix des Etats. Cette encyclique, passée en fraude à nos frontières, effrontément publiée sans l'aveu du pouvoir, laissait-elle de côté les intérêts temporels ?

Le souverain qui défend Pie IX à Rome donne le récit de ses efforts pour conserver quand même au patrimoine de saint Pierre ses possessions du Nord, déclare qu'il lui paraît évident que le pape serait bien inspiré de céder aux circonstances (il exprimait sa manière de voir), à la condition que l'Europe lui garantît le reste de ses domaines; c'était très-sage; et parce qu'on n'osait pas se venger directement sur l'Empereur, on agit de ruse afin de se munir clandestinement d'une pièce où les gros mots renfermés dans la réponse du 1ᵉʳ janvier au général comte de Goyon étaient en partie biffés, mais qui laissait suffisamment planer sur le compte du prince l'accusation de méconnaître ses devoirs de souverain catholique. Que le pape a dû se réjouir de ce qui se passait! comme il en a remercié Dieu dans son oratoire! et que les évêques, hommes d'affaires, aperçoivent la pourpre dans le lointain!

Mais l'Empereur avait publié sa lettre dans le *Moniteur!* Rome aussi possède un journal officiel, ce journal suffisait à la réponse; *par pari refertur.* Qui donc n'a pas vu dans cette encyclique un manifeste destiné à condamner la politique impériale? Les évêques opposants ne s'y sont pas trompés. Est-ce ainsi qu'on prêche la paix aux peuples? Ces violences disposent-elles le pouvoir aux concessions?

Je ne traite pas la question du pouvoir temporel des papes. L'Empereur croit leur indépendance spirituelle attachée à quelque indépendance sous le rapport temporel; je ne vais pas plus loin. Qu'ils doivent posséder un terrain plus ou moins considérable, c'est ce qui n'est pas défini. De même que certaines dynasties, après avoir gagné ou abandonné des provinces, sont tombées dans l'oubli ou l'impuissance, qui voudrait soutenir qu'un jour Rome et son territoire confié à la garde des puissances catholiques, ne sera pas suffisant à l'indépendance du pontife? Mais je ne défends que les principes d'ordre établis par les lois civiles et la soumission au souverain : *Qui sentit commoda sentit et incommoda.* Voilà, Madame, du latin fort difficile à expliquer.

Certains catholiques se plaignent que le premier article organique gêne les affaires de conscience, qu'ils sont exposés à rester sans direction spirituelle, qu'ils ignoreront les décisions infaillibles du pontife. Mauvaise plaisanterie dans le siècle de la vapeur et de l'électricité ! On exagère ; rien ne s'est encore produit de semblable. Nos affaires de conscience n'ont rien à souffrir, puisque le gouvernement donne toute liberté en ce qui touche le *for intérieur*. Cette marque de *haute* confiance ne semble pas suffisamment appréciée. On ne restera point privé de direction, si les missives sont purement religieuses, exemptes de ce qui pourrait troubler le repos public. Le ministre chargé d'assurer la liberté des cultes ne permettra point de l'accuser, et quant aux décisions de foi, quel préjudice causent-elles au gouvernement? Il veut connaître le premier les dogmes nouveaux, et ne s'est point opposé à ce qu'on publiât le dogme de l'*Immaculée Conception*. Cherchons donc une apparence aux plaintes. Que les consciences se tranquillisent, nos évêque ne manquent pas de truchements à Rome.

« Il est défendu aux individus se disant nonces, légats, vicaires ou commissaires apostoliques, d'exercer sans autorisation aucune fonction relative aux affaires de l'Eglise gallicane. » Soyons francs, est-ce trop exiger que d'inviter messieurs les envoyés de Rome à montrer leurs lettres de créance? Un évêque peut être surpris, et d'ailleurs ils ont à traiter d'affaires qui regardent une religion de l'empire, des sujets de l'empire. Faut-il leur permettre, sans oser lever les yeux, de parcourir la France, de réunir des conciles, d'excommunier, d'être chez nous comme chez eux ? En tout ceci le souverain jouerait un plaisant personnage. En insistant là-dessus, on exciterait l'animadversion contre Rome ; aveugle qui ne le voit pas.

Article troisième : « Les décrets des synodes étrangers, même ceux des conciles généraux, ne pourront être publiés en France avant que le gouvernement en ait examiné la forme, leur conformité avec les lois, droits et franchises de l'empire, et tout ce qui dans leur publication pourrait altérer ou intéresser la tranquillité publique. » Nos catholiques sont-ils disposés à condamner tous les gouvernements qui se sont succédé depuis Charles IX, d'heureuse mémoire? Cette besogne terminée, on aura mon avis sur l'article 3.

Il est défendu (art. 4) de tenir aucun concile national ou métropolitain, aucun synode diocésain, aucune assemblée *délibérante*, sans la permission *expresse* du gouvernement. Les évèques (art. 19) nommeront les curés, mais ils ne manifesteront leur nomination qu'après s'être assurés de l'agrément de l'Empereur. Ils seront tenus (art. 20) de résider dans leur diocèse, ils ne pourront en sortir qu'avec la permission du souverain.

Le comte de Maistre, voulant justifier l'inquisition, dit, en s'appuyant sur le comité des cortès, « qu'elle fut dans son principe une institution demandée et établie par les rois d'Espagne, dans des *circonstances difficiles et extraordinaires* ; que les circonstances ayant changé, l'inquisition est devenue inutile. » Partons de ce principe qu'il y a des circonstances difficiles et extraordinaires qui justifient une institution ; c'est de rigueur. Les évèques unis à Rome n'ont jamais pu se convaincre qu'il se rencontrât de ces circonstances où le chef de l'État eût à se protéger contre leur libre action. Cette prétention, l'histoire ecclésiastique l'affirme, est mal fondée ; il fallait se mettre en garde contre les assemblées délibérantes ecclésiastiques, parce qu'il n'est pas permis d'être sans crainte sur leurs délibérations. Aujourd'hui, nos évèques convoqués par le métropolitain, plus ou moins avisé d'ailleurs, se réunissent, délibèrent, jugent, ordonnent. (Il y a des archevêques en retard.) Les gouvernements, si maltraités quelquefois lorsque l'Eglise était toute-puissante, ont servi de point de départ à la réaction qui s'est manifestée, et si le gouvernement actuel le juge à propos, il est libre de maintenir ses droits contre les abus dont il serait victime. Les synodes diocésains sont soumis à l'autorisation, parce que les évèques ont les infirmités inhérentes à la nature humaine, ils l'ont prouvé et leurs réunions nous présentent quelquefois, dans le passé, d'assez tristes spectacles. Celui-ci est vindicatif, celui-là porté à la colère, l'un est remarquable par sa turbulence inquiète, l'autre ne serait pas fâché qu'on se prononçât contre un pouvoir qui n'a pas le privilége d'attirer ses sympathies. Qui veut répondre qu'aucun d'eux n'abuserait de sa position indépendante contre la tranquillité publique ? Prenons la place d'un prince, et cela fait, nous répondrons. Le gouvernement reste juge de l'opportunité des assemblées. Une assemblée d'évêques, si vénérables qu'ils soient, n'est après tout, devant l'opinion générale, qu'un composé d'hommes soumis au droit commun du pays qu'ils habitent. Les cultes réformés subissent la même loi, et je crois le gouvernement plus disposé à la tolérance envers les évêques qu'à l'endroit des réunions consistoriales. On a fixé aux protestants la durée des synodes; ils se tiennent en présence du préfet ou du sous-préfet, et le ministre des cultes doit être informé des matières soumises aux délibérations. Je ne sais s'il est prudent de dire ma pensée tout entière, mais je regrette que la même obligation ne soit pas imposée aux assemblées métropolitaines ou diocésaines. Je veux croire qu'elles ne seront jamais un foyer de conspiration ; mais dans les temps difficiles, qui nous est garant de ce qui se fait? Mais ceux sur qui les décisions frappent (l'évêque n'a pas grand chose à craindre) sont citoyens, égaux comme tels aux évêques, et le gouvernement devrait être appelé à s'y faire représenter, à savoir jusqu'à quel point le clergé inférieur aurait à souffrir des décisions émanées d'un concile provincial ou d'un synode diocésain. Pourquoi les faibles seraient-ils privés de protecteur? si, comme on le prétend, rien de ce qui sera proposé à la sagacité des prélats, ne lui parait inquiétant, ni sous le rapport de la discipline, ni sous le rapport de la sécurité publique, il ne molestera personne. Quoi qu'on essaie de contraire, *et ces essais irritent l'opinion*, les évêques doivent se résigner à n'être que ce qu'ils sont aux yeux de la loi, des fonctionnaires soumis à la surveillance de l'autorité civile. Sils acceptent cette situation, ils rentreront dans l'ordre, les catholiques les suivront dans la voie de l'obéissance, et la paix qui se produira autour d'eux les dédommagera amplement du bruit qu'ils ne feront plus. Autant ils perdent en sortant de leur sphère pour éluder leurs obligations civiles et se mêler aux choses politiques, autant ils seraient forts s'ils défendaient l'intégrité de leur foi.

Signalons, Madame, un abus que l'art. 19 entendait prévenir : L'évêque ne doit manifester la nomination des curés qu'après l'approbation du gouvernement. On conçoit la sagesse de cette injonction aux évêques. Le prêtre désigné peut être suspect à l'État, et l'évêque mis en demeure d'en présenter un autre. On ne doit pas présumer le consentement de l'État; l'Empereur n'est pas obligé d'approuver la décision épiscopale. S'il refuse d'accepter le candidat, persistera-t-on à maintenir la candidature? Non, certainement. Pourquoi alors s'exposer à recevoir un désaveu public, à provoquer des criailleries, livrer aux soupçons l'individu choisi, en faire un ennemi déclaré? Il arrive, parfois, qu'un diocèse est informé avant le ministère des cultes; en quoi cette marche paraît-elle plus satisfaisante à la conscience, plus naturelle à conserver la bonne harmonie avec les chefs temporels, plus capable d'édifier les catholiques? Le gouvernement a réclamé; ses réclamations ont été stériles.

On récrimine contre l'art. 20, qui ordonne aux évêques de résider dans leurs diocèses, d'où ils ne peuvent sortir *sans permission*. Voilà l'évêque assimilé au préfet, l'Église esclave! Le malade imaginaire ne pouvait vivre sans M. Purgon, sans les drogues de l'apothicaire Fleurant; nos amis veulent condamner, trouver du mal partout, excepté chez eux. Pourquoi aussi, en vertu de traités internationaux, nos évêques ne se promèneraient-ils pas, sans permission d'aucun genre, en Belgique, en Prusse, en Russie? n'iraient-t-ils pas en pelerinage à Vienne? Pourquoi doivent-ils être munis de passe-ports? —Mais, est-ce si horrible d'être astreint à la résidence? Les saints canons s'expriment de la sorte, et les canons de manquent pas de valeur. Il faut la permission du chef de l'État ou de son délégué! Quelle dérision! Oui, vraiment, quel déshonneur de rester chez soi, de remplir sa divine mission, de s'adresser au prince! L'homme le plus digne de respect s'adresse à l'autorité civile, lorsqu'il veut parcourir sans inquiétude l'empire où nous vivons. Cet article, d'ailleurs, gêne-t-il beaucoup? Et quand l'évêque serait assimilé au préfet sur ce point, un préfet est-il donc un si mince personnage? Le gouvernement, qui paie l'évêque (pour toucher les revenus d'un bénéfice, on est tenu de résider) à la condition qu'il résidera, s'est mis en droit de savoir si le diocèse n'est point abandonné, si l'évêque, trop ami des voyages, en néglige la direction, si les catholiques ont à se plaindre. Il sait, car l'histoire est un document qu'il lui est loisible de consulter, il sait que des évêques ont fomenté des troubles, ourdi des conspirations, encouragé les mécontents, formé des ligues, qu'ils sont devenus, à certaines époques, l'embarras des souverains, et, fort de ces documents que chacun peut consulter, il s'évite le désagrément de soupçonner plus qu'il ne faut ses contradicteurs, et de contrister les fidèles par des mesures de juste rigueur. Quelle difficulté à requérir le consentement du souverain lorsqu'on a de bonnes raisons à faire valoir? A qui cette onéreuse permission a-t-elle été refusée? Mais nos évêques vont à Rome, si bon leur semble; ils se visitent mutuellement. Or, il est convenu que l'Église est esclave. Nous refusons d'y croire, et ne voyons pas de sort plus enviable, au point de vue civil, que le sort des évêques.

On demande qu'une retraite honorable soit assurée aux prêtres âgés et infirmes. Je ne viens pas combattre la nécessité de cette mesure; mais, alors, les évêques se souviendront que l'art. 26 des lois organiques exige, d'accord avec le droit canonique, un revenu annuel assuré de 300 fr. à celui que l'évêque ordonne. Si on dispense un sujet de remplir cette condition, au moins faudrait-il un avis favorable du gouvernement. Sinon, il sera juste que l'évêque, agissant seul, soit seul appelé à nourrir ses prêtres. Cet art. 26 défend aux évêques de procéder à aucune ordination avant que le nombre des personnes à ordonner n'ait été soumis au gouvernement et par lui agréé. Il faut savoir le nombre approximatif des infirmes qu'on devrait nourrir.

Les articles organiques, que je laisse dans l'ombre, ont leur importance, et je désire qu'on ne me presse pas de les montrer sous leur véritable jour.

Tout bien considéré, ce qui m'étonne, pour ne rien dire de plus, c'est la conduite de nos prélats, qui, se récusant à exécuter nos maximes nationales, et les repoussant comme attentatoires à leur mission parmi nous, attendent l'heure où ils ont pris possession de leur siége pour donner cours à leur opposition. Lorsque le pape préconise un sujet et adresse en France l'institution canonique qui, par elle-même, n'emporte aucune prérogative civile, si elle n'est enrichie de l'attache du gouvernement, le pape n'impose aucune condition au pouvoir, il ne réclame rien, surtout; j'en jure par la vénération dont il est digne, surtout, il ne délègue pas sournoisement son vénérable frère, afin d'organiser ou soutenir une lutte contre l'autorité. Lorsque l'évêque nommé prête serment de fidélité à l'Empereur, il ne fait aucune restriction, il accepte les honneurs et les charges, selon le droit commun du pays. Quelle mine a donc l'évêque, devenu *inamovible* et fort gênant à déplacer, de se prévaloir de sa position, de s'insurger contre l'État et de dire, s'il est averti ou réprimandé : « Je ne reconnais pas nos maximes nationales. » Si ces maximes sont condamnables et qu'on soit forcé de les subir, malgré la conscience, on croira qu'il était plus loyal de ne pas monter sur le siége, et que si on y est monté, le vrai moyen d'être agréable à Dieu c'est d'en descendre.

Que manque-t-il aux évêques? Qu'ils comparent un instant leur condition à celle du clergé inférieur et des fonctionnaires civils de leur rang. Ces fonctionnaires sont soumis, ainsi le veut l'ordre, à l'autorité suprême du prince; ils ne peuvent quitter arbitrairement leur poste; si dignes qu'ils soient de la plus haute confiance, ils savent qu'il n'est pas possible d'arriver au gouvernement régulier d'un empire, si les volontés ne se résument en une seule; ils se soumettent aux lois de l'État. Un évêque est largement payé, il est pourvu d'un palais; si obscurs que soient sa naissance et ses services, si négligée que soit son éducation, on l'appelle monseigneur, et il tient à ce titre, refusé aux maréchaux de France, réservé aux princes de la famille impériale ; le nom de père lui conviendrait bien mieux; les conciles parlent ainsi. La Restauration ne disait ni monsieur ni monseigneur, elle coupait le titre en deux parts, elle écrivait mons ; on restait libre d'y ajouter.

La dignité épiscopale met l'évêque à l'abri des attaques ; pour lui parler ou parler de lui, il faut des ménagements insignes. L'Empereur a porté le traitement d'un simple évêque à quinze mille francs ; un archevêque reçoit vingt mille francs, un cardinal trente mille francs, sans compter ses émoluments de sénateur, qui doublent ce chiffre. Et ce n'est pas tout.

J'ouvre ici une parenthèse en l'honneur de M. Charles de Bussy, qui, dans le numéro 8 du *Drapeau catholique*, a donné, sur les traitements du clergé, des détails qui témoignent certainement

beaucoup de zèle, mais qui indiquent ou de l'ignorance ou de la mauvaise foi. *Ante loquaris, disce.*

Un évêque se présente quelque part, on se ruine pour fournir à la somptuosité de sa table ; ce n'est pas que l'évêque y tienne, mais le pauvre desservant, à qui l'État accorde une indemnité de neuf cents francs, se condamne à cet effet aux privations.

J'ai vu des prêtres en présence de l'évêque ; ils s'observent, balbutient, bredouillent. Le contraire est une exception. Qu'un évêque pèse sur le prêtre, l'évêque a toujours raison. Il y a là-dessus des faits curieux. Le gouvernement verrait-il un si grand mal à s'occuper un peu du clergé inférieur ? Le métropolitain ne donne pas le démenti à son collègue ; si deux évêques étaient en présence, la position serait plus grave. Sauf cette affaire de Moulins, où le pouvoir infligeait un blâme trop mérité à l'évêque, en quoi le clergé secondaire a-t-il réussi dans ses plaintes ? Que l'évêque soit grand aux yeux de tous, à la bonne heure ; mais que tous ses actes soient regardés comme l'œuvre de l'Esprit-Saint, personne ne se donnera le ridicule de le soutenir. On a vu mons d'Orléans attacher des évêques morts au poteau, *pace tuâ dixerim*, et les traiter avec une incroyable hauteur. Un préfet, qui suivrait ses traces, pourrait très-bien être renvoyé chez M. son père. Songez, Madame, aux honneurs rendus par le pouvoir actuel à l'épiscopat, et dites-moi si on peut montrer envers des hommes plus de délicatesse et de ménagements ? *Ne contendas adversus hominem frustrà, cùm ipse tibi nihil mali fecerit* (Prov. 3, 30).

III

Je ne me suis point réjoui de la peine qu'ont ressentie les rédacteurs de l'*Univers*. L'*Univers* méritait d'être châtié, il attendait son châtiment. Au rebours des hommes qui font belle mine aux évêques, qui ne prononcent pas un mot en leur présence, et qui, réunis en petit comité, les déchirent sans pitié (Voyez comme ils battent des mains devant le soleil ! Ils font demi-tour et le maudissent), l'*Univers* était remarquable de franchise et mordait jusqu'au sang. Je n'ai pas à retracer son histoire. On dit qu'il n'a converti personne, qu'il a produit plus de mal que de bien, fanatisé plus d'un abonné; c'est son affaire. De même que l'Autriche, sous prétexte de l'inexécution du traité de Villa-franca, garde en ses prisons les individus qu'elle avait promis d'amnistier, ainsi l'*Univers* trouvait des prétextes pour fondre sur ses adversaires; il frappait fort, et plus d'une fois il a frappé juste.

On ne peut nier le talent de M. Louis Veuillot et de ses collaborateurs; en ce qui touche l'ex-rédacteur en chef, j'ai eu plaisir à lire ses articles; il a écrit de belles pages, et, si ce n'était le fiel qu'il répand, on serait heureux de le suivre sur le terrain qu'il a choisi. Le gouvernement a supprimé l'*Univers*. Plus d'un évêque ayant la puissance n'aurait pas attendu si longtemps. Mgr Sibour, de sympathique mémoire, en a défendu deux fois la lecture à ses prêtres. On se rappelle la scission que l'*Univers* a provoquée parmi les évêques. Ce journal catholique jugeait tout, faisait la leçon, récriminait à son aise. Il tenait le haut bout d'un parti remuant et trop souvent injuste. Je suis certain que la dernière guerre eût été examinée avec plus de calme, appréciée plus sainement, si bon nombre de prêtres n'avaient juré sur la parole des honorables de la rue de Grenelle. M. Veuillot, poussé à bout par les journaux favorables à la politique impériale, écrivait que ces journaux, le *Siècle* entre autres, le fatiguaient avec leurs cornes de mardi-gras.

Veut-on savoir comment l'*Univers* critiquait, sous la monarchie de juillet, une nomination d'évêque ? « En annonçant la nomination de M. l'abbé de... (aujourd'hui archevêque de...), nous n'avons point caché les inquiétudes qu'elle nous inspirait. (Bon.) Cette inquiétude sera, en France, nous osons le dire (Tant pis pour vous.), le sentiment de toute l'Église. (En êtes-vous bien sûr?) Ceux-là seuls ne l'éprouveront pas, qui ont le malheur de croire que la dignité épiscopale ne perd rien à devenir le prix de services politiques... Beaucoup de ses amis croient *encore* (Les malheureux!) qu'il faut plutôt le plaindre de s'être trompé que l'accuser d'avoir compris la portée des desseins auxquels on l'employait (C'était un mannequin). Puisque le gouvernement, après avoir *sagement* reculé, ne veut pas même laisser oublier quels regrettables services il récompense (Et combien il est faible de tolérer un contrôle aussi insolent !), nous sommes bien forcés (Le pauvre homme !) de lui faire comprendre que de pareils actes ne passeront point sans protestations, et que l'opinion publique (Formée par nous) le forcera tôt ou tard de murer cette porte bâtarde, ouverte à l'intrigue, pour la faire pénétrer dans l'épiscopat. Aujourd'hui, le prêtre qu'il présente n'a que le tort d'avoir servi sa politique ; demain, il en présentera (Le pape en sera juge) dont ce tort sera l'unique mérite, et le troupeau de Jésus-Christ sera confié, non plus même à des chiens muets, à des loups dévorants... » C'est admirable, ayons le courage d'écouter :

« Si un prêtre appelé à l'épiscopat est déjà suspect pour avoir rendu des services de parti, et se montre comme entaché d'une sorte de simonie politique, non moins odieuse et peut-être plus funeste que la simonie d'argent, quelles ne seront pas nos alarmes (Le pauvre homme !) et quels ne seront pas, pour cet évêque lui-même, les déboires et les difficultés de sa position (Est-ce que cela vous regarde ?), lorsqu'on pourra dire qu'il a servi d'instrument contre l'honneur et l'indépendance de l'Église ? »

Voilà les voies bien préparées à la confiance du diocèse.

« Les catholiques applaudiraient unanimement (Vous ont-ils chargé de le dire ?) à l'élévation de M. de..., s'ils n'étaient contraints de lui reprocher le rôle qu'il a joué dans les intrigues dont... Précisément parce qu'il est destiné, qu'on nous permette l'expression (Tout vous est permis), à faire planche (Voilà qui sent bien M. Veuillot !), il lui fallait d'autres qualités que ses services. (On a dit plus haut : « Cependant M. l'abbé de... est un prêtre distingué, on rend hommage à ses sentiments, à ses mœurs édifiantes, à sa science. ») Mais ces qualités, on ne les exigera pas de ceux qui sont tout prêts à passer par la route qu'il a frayée. (Qu'en savez-vous ?) Dieu veuille (Ceci est remarquable) lui épargner le remords accablant, et qui n'était point fait pour lui (Au contraire, puisqu'il n'avait d'autres qualités que ses services), d'ouvrir en France, quoique estimable et pieux (Accordez tout cela), la série des mauvais évêques. »

« Nous voyons venir un temps malheureux, où le simple prêtre
et le laïque, désolés par de coupables ou d'imprudentes actions
(Ce temps est-il venu ?), se croiront en droit de juger le pontife.
Ce jour-là, si Dieu nous condamne à le voir, nous briserons
notre plume en pleurant. (C'eût été bien dommage.) C'est pour
éloigner ce jour néfaste, pour l'éloigner à jamais, que nous nous
résignons à élever la voix... »

Quelle énergie ! quelle abnégation ! quel zèle !

Le souverain pontife n'était pas de l'avis de M. Veuillot ; s'en-
tretenant avec un cardinal de la promotion du prélat si charita-
blement jugé : « Ah ! M. l'abbé de..., s'est écrié Pie IX, *nous le
verrons avec le plus grand plaisir évêque de...* » Puis, se souve-
nant des indignes attaques d'un journal contre cet ecclésiastique,
Pie IX ajoutait : « Il a tant souffert ! »

On doit entrevoir quel rôle l'*Univers* s'adjugeait vis-à-vis de
l'Église. Toute réflexion serait superflue, et ce journal était lu
avidement ; c'était le charivari de la vérité. Le gouvernement de
juillet a laissé dire et s'en est bien trouvé. Et, chose étrange !
quand des diatribes frappaient les membres de l'épiscopat, les
évêques ne disaient rien, et Rome soutenait l'*Univers*.

L'ex-rédacteur en chef est un des hommes les plus expéditifs
en qualifications grossières ; il a persiflé ses ennemis, gourmandé
les ministres, sermonné qui avait l'inconvénient de lui déplaire.
Ses expressions ont été parfois d'une insolence telle, qu'on aurait
rougi de lui en demander raison. Il était peut-être destiné à
opérer beaucoup de bien ; des catholiques éminents lui reprochent d'avoir fait un mauvais usage de ses talents. Il a cru tenir
une trop grande place dans le monde ; je crois qu'il a pris son
orgueil pour du zèle.

Dans un travail où M. Veuillot examine la question *du droit
du seigneur*, et qu'il destine à bafouer M. Dupin, après différents
avis, tout de miel naturellement, donnés à son adversaire, on
lit : « *Noblesse oblige.* Plusieurs de notre temps ne l'ont guère
compris. Sans transition des plus hautes magistratures, ils pas-
sent aux pratiques de Trissotin. M. Dupin embouche sa vieille
clarinette d'avocat libéral. Ah ! qu'ils étaient placés haut pour

leur taille, quelques-uns de ces personnages de fortune, et qu'ils ont peu grandi dans ces hauteurs! »

M. Veuillot est un grossier. Pourquoi ne serait-il pas permis de supposer que, voulant se porter défenseur du catholicisme, il était placé trop haut pour sa taille, et qu'il a peu gagné d'estime générale à gesticuler sur les hauteurs?

Le clergé des campagnes accordait trop d'importance à l'*Univers* ; il est irrité et mécontent que cet esprit mauvais ait disparu ; le clergé reviendra à des sentiments plus modérés, c'est mon ferme espoir. J'ai vu quel mal ce journal a produit, et la Providence lui a rendu justice. En le lisant, nos neveux ne nous pardonneront pas de l'avoir soutenu. Tout en lui n'était pas mal, mais le mal l'emportait sur le bien. Au lieu d'être soupçonné courrier du pape, M. Veuillot devrait parler de manière à faire oublier ses écarts ; qu'il laisse sécher cette encre corrosive dont il a souillé des faces vénérables, et puisqu'il est converti, qu'il soit chrétien. Son journal était devenu une pierre d'achoppement pour l'autorité. Or, un journal n'est pas inamovible à la façon d'un évêque. Qu'il soit catholique ou protestant, les lois l'atteignent et répriment ses délits. L'inimitié aux actes du pouvoir oblige le pouvoir à se défendre, et l'autorité étant l'arome de l'ordre social, l'ordre exige que l'autorité triomphe. Qui est mécontent de l'autorité? ceux qu'elle châtie ou réduit au silence ; coupable n'est pas juge. L'*Univers* était le porte-drapeau de l'agitation contre le gouvernement impérial, et lui décochait, à la fin, ses flèches avec une béate malice. Son adresse au pape, que tous les opposants et les désœuvrés se préparaient à signer, dénotait je ne sais quelles intentions et quelle imprudence, présages des troubles. Bien plus, il insère en toute hâte, et sans autorisation, l'encyclique de Sa Sainteté, déjà possédée par quelques camarades ; protestation évidente, qui couronnait son mécontentement des actes du chef de l'État, et désobéissance formelle aux lois de l'empire. Connaissant d'avance l'arrêt qui serait prononcé, de quoi se p'aindrait-il? A-t-il été déclaré inviolable, et quel journal, dans sa sphère, a joui d'une plus grande liberté. « Si donc la loi espagnole (française), écrite pour tout le monde, porte la peine de l'exil, de la prison, de la mort même, contre l'ennemi déclaré et public d'un dogme espagnol (français), personne ne doit plaindre le coupable qui aura mérité ces peines, et lui-même n'a pas raison de se plaindre, car il y avait pour lui un moyen bien simple de les éviter, celui de se taire. » (J. de Maistre, *Lettres sur l'Inquisition espagnole*, p. 53.)

Un journal religieux est très à craindre, parce qu'il intéresse ce qu'on trouve de plus sensible au cœur de l'homme, la foi. Rien de ce qu'il écrit ne passe inaperçu, il sert d'aliment aux passions. S'il donne à présumer une attaque à ses doctrines, on se réunit pour l'entendre et arborer ses couleurs; son silence fournit matière aux interprétations des malveillants, ses diatribes provoquent, encouragent le fanatisme. Un gouvernement serait coupable de ne le pas surveiller sans relâche, de ne pas l'obliger aux procédés connus de la prudence. Ce qui, dans les autres feuilles, n'est qu'une affaire de simple politique, devenait, dans l'*Univers*, un manifeste qui tombait de tout son poids dans le domaine des convictions religieuses. Je lui reproche d'avoir produit une désaffection à l'autorité civile, et je ne sache pas que, parlant du haut de sa chaire à des esprits si facilement impressionnables que les nôtres, il soit très-difficile d'établir entre le souverain et les sujets la plus complète séparation. Le gouvernement savait son histoire, il n'a pas consenti à lui servir de victime, à reculer devant son parti. On lui a permis de se survivre; son sépulcre ne fut pas glorieux; personne n'enviera ses lauriers.

Je ne dirai rien de la distribution des brochures recommandée par des évêques, sinon encore que la loi étant pour tous, s'appliquant à tous, le gouvernement n'a pas fait preuve d'hostilité au catholicisme en s'en référant à la loi. La loi ne fut pas portée à cause de la circonstance, elle existait. Les ministres protestants et les publicistes, objets d'une mesure semblable, n'auraient pas plus droit de se plaindre. Dès que chacun se trouve placé sous le même niveau, qui s'avisera de jeter des pierres? On ne peut pas permettre que la presse soit un brandon de discorde. Le gouvernement impérial n'autorise pas la tenue des livres en partie trouble; il est, envers les magistrats, de toute sévérité, afin qu'aucune querelle religieuse ne surgisse. Encore qu'il ait la certitude de la vérité d'un culte, il ne peut persécuter les autres.

Ce serait ici le lieu de parler de la bonne foi qui se rencontre dans chaque religion. Si accusé que je sois, Madame, de défendre cette bonne foi au sein du protestantisme et ailleurs, rien ne me presse de traiter un sujet qui exige de nombreux développements; je ne dirai qu'un mot : L'État compte des serviteurs dévoués, et le souverain des sujets fidèles dans les différentes communions qu'il protége, et je ne puis me persuader que, hors de l'Église romaine, les fidèles soient des sots et les ministres des hypocrites.

Je tairai, Madame, les calomnies réchauffées dans le clergé et répandues à plaisir contre le pouvoir. Ces lignes écrites au courant de la plume ramèneront peut-être, au sentiment de la justice, ceux qui s'en sont écartés et qui m'avaient si bien noirci à vos yeux. Je vous livre ce travail, en sorte que vous lui donniez, si vous l'en jugez digne, la publicité que réclame toute idée favorable à l'autorité. Il est temps que le calme renaisse, et que la religion, dorénavant, ne soit plus mêlée aux discussions fatigantes des partis. Supposons à nos chefs, toujours prêts au bien, des intentions où le mal n'a point de part, et ne prenons pas l'alarme contre eux, avant que de légitimes motifs ne nous donnent raison.

Je serai heureux, Madame, si j'ai pu déraciner les préjugés qui troublaient votre noble cœur; plus tard, demain, peut-être, on me rendra le même service. « Les hommes, dit le comte de Maistre, échangent trop souvent des erreurs. Je ne demande pas mieux que d'établir un commerce tout opposé. Ce noble échange ne mortifie personne, chacun se réservant, en demandant ou recevant ce qui lui manque, d'offrir à son tour ce qui manque à l'autre; les têtes sont comme les terres : *Non omnis fert omnia tellus.* »

Agréez, je vous prie, Madame, l'expression de mes respectueux sentiments.

E.... X....